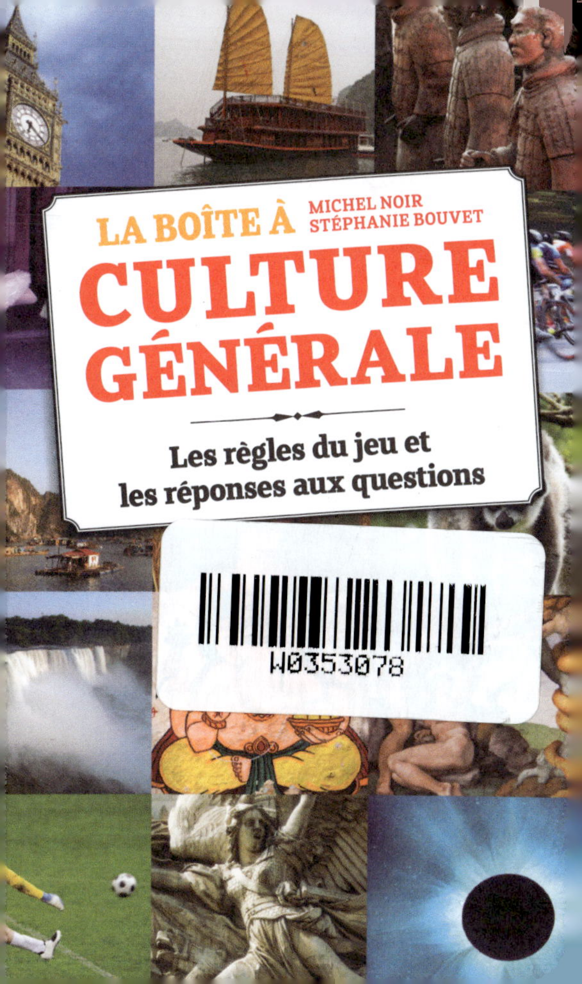

LA BOÎTE À

MICHEL NOIR
STÉPHANIE BOUVET

CULTURE GÉNÉRALE

Les règles du jeu et les réponses aux questions

Création graphique : **Raphaël Tardif**
Mise en page : **Claire Fénart**

RÈGLES DU JEU

NOMBRE DE JOUEURS :

de 2 à 12 joueurs + 1 meneur de jeu (il est tout à fait possible, voire fortement conseillé, de jouer par équipe : la partie n'en sera que plus animée !)

DURÉE D'UNE PARTIE :

30 minutes environ (en fonction du nombre de joueurs... et du niveau de leur culture générale !)

MATÉRIEL :

- **156 cartes** (2 questions par carte) réparties en 6 catégories différentes : **LETTRES**, **SCIENCES**, **HISTOIRE**, **GÉOGRAPHIE**, **ARTS** et **SPORTS**.
- **1 livret** contenant les règles du jeu et les réponses aux questions.
- **1 livret** contenant des pages de scores vierges à remplir au cours de vos parties.
- **1 sablier.**

BUT DU JEU :

Étaler votre culture générale comme de la confiture !

RÈGLES DU JEU :

La partie est composée de plusieurs tours consécutifs. Un joueur ou une équipe remporte un tour lorsqu'il ou elle parvient à trouver la réponse à l'une des questions de la carte tirée au sort. Il y a 6 catégories de questions différentes : **LETTRES**, **SCIENCES**, **HISTOIRE**, **GÉOGRAPHIE**, **ARTS** et **SPORTS**.
Chaque joueur ou chaque équipe doit répondre à au moins deux questions dans quatre catégories de cartes. Le premier joueur ou la première équipe qui y parvient remporte la partie !

PRÉPARATION :

Le meneur de jeu décide de la catégorie de questions qui sera tirée au sort au premier tour, puis il mélange les 26 cartes de la catégorie et forme un tas. Le joueur ou l'équipe immédiatement à sa gauche pioche la première carte du tas et la tend au meneur de jeu.

Le meneur de jeu choisit l'une des deux questions de la carte, celle du recto ou celle du verso de chaque carte.

Il doit ensuite annoncer la difficulté de la carte. La difficulté des questions est indiquée sur chaque carte : un point d'interrogation pour le niveau facile, deux points d'interrogation pour le niveau moyen, et trois points d'interrogation pour le niveau difficile.

Enfin, le meneur de jeu lit la question qu'il a choisie à haute et intelligible voix à l'ensemble des joueurs, puis retourne le sablier.

Si le joueur ou l'équipe qui a tiré au sort la carte en jeu parvient à répondre à la question dans le temps imparti par le sablier, il ou elle ramasse cette carte et choisit une autre catégorie de questions.

Si c'est un autre joueur ou une autre équipe qui trouve la réponse à la question, la carte est remise sous le paquet. C'est le joueur ou l'équipe qui a répondu à la question qui choisit la catégorie de questions suivante.

Si aucun des joueurs ou des équipes ne parvient à répondre à la question, le meneur de jeu choisit une autre catégorie de questions, mélange les 26 cartes, forme un tas, et choisit l'une des deux questions de la carte. Et c'est reparti pour un tour !

Dès qu'un joueur ou une équipe parvient à répondre à au moins deux questions dans quatre catégories de cartes, il ou elle remporte la partie !

CONSEILS AUX JOUEURS :

- Écoutez bien les réponses données par les autres joueurs : une oreille attentive vous permettra tout d'abord d'éviter de donner deux fois la même réponse, et ensuite de répondre peut-être à la question plus rapidement que les autres joueurs.

- Faites preuve de stratégie ! Le but du jeu n'est en effet pas de répondre au plus de questions possible, mais de parvenir à répondre à au moins deux questions dans quatre catégories de cartes...

CONSEILS AU MENEUR DE JEU :

- Lisez attentivement les réponses aux questions avant de répondre aux joueurs.

- Dans le brouhaha des propositions de réponses énoncées par les joueurs, il est possible que vous ne parveniez pas à déterminer quel joueur ou quelle équipe a donné la bonne réponse en premier : c'est l'équipe ayant tiré la carte qui remporte le tour (N. B : préparez-vous à recevoir les foudres de la foule...)

LETTRES

QUESTION N° 1

LA LITTÉRATURE ANCIENNE

Laquelle de ces œuvres n'est pas de Jules César ?

Réponse A.

Jules César n'était pas seulement un grand général, il a aussi laissé plusieurs œuvres, dont *De la guerre civile* et *La Guerre des Gaules*, qui content ses conquêtes militaires. Il n'a pas écrit *La Vie des douze Césars*, qui est une œuvre de Suétone, mais il en est l'un des sujets.

QUESTION N° 2

LES AUTEURS FRANÇAIS

Quel était le prénom de Chateaubriand ?

Réponse D.

Le vicomte de Chateaubriand, écrivain français du XIXe siècle, auteur notamment du *Génie du christianisme* et des célèbres *Mémoires d'outre-tombe*, se prénommait François René. Parallèlement à sa carrière littéraire, il mena une brillante carrière politique qui le conduisit à devenir l'un des ministres les plus influents de Bonaparte. Il se retira définitivement de la vie politique en 1830.

QUESTION N° 3

LES FEMMES EN LITTÉRATURE

Quelle aristocrate française a laissé de nombreuses *Lettres* dans lesquelles elle correspond notamment avec sa fille ?

Réponse B.

Les *Lettres* de Mme de Sévigné regroupent toute la correspondance qu'elle entretint avec sa fille, mais aussi avec d'autres membres de sa famille et certains de ses célèbres contemporains, comme le duc de La Rochefoucauld ou Mme de Lafayette. Elles furent éditées après sa mort, en 1725.

QUESTION N° 4

LES PERSONNAGES CÉLÈBRES

Quel est le métier de Charles, le mari d'Emma Bovary ?

Réponse C.

Charles Bovary est médecin. C'est d'ailleurs en soignant la jambe du père Rouault qu'il fait la connaissance de la jeune Emma, sa fille, qui va devenir sa femme. Mais ce médecin de campagne à la vie monotone et tranquille ne parviendra pas à rendre heureuse sa jeune épouse, qui tombera amoureuse du châtelain de la Huchette, Rodolphe Boulanger.

QUESTION N° 5

LA LITTÉRATURE ÉTRANGÈRE

Qui a écrit *L'Insoutenable Légèreté de l'être ?*

Réponse B.

L'Insoutenable Légèreté de l'être est un roman de l'écrivain tchèque Milan Kundera, à qui l'on doit aussi notamment *La vie est ailleurs* et *La Valse aux adieux*.

QUESTION N° 6

LES GENRES ET LES STYLES LITTÉRAIRES

Un sonnet est composé de cinq strophes.

Faux.

Un sonnet est un court poème composé de quatre strophes : deux quatrains, suivis de deux tercets.

QUESTION N° 7

LA LITTÉRATURE ENFANTINE

La fée qui donne vie à Pinocchio se nomme la fée Violaine.

Faux.

Dans *Les Aventures de Pinocchio*, de Carlo Collodi, la fée qui donne vie au pantin de bois créé par Gepetto est la Fée turquoise, parfois appelée la Fée bleue.

QUESTION N° 8

LES ROMANS POLICIERS

Qui est l'ennemi juré de Sherlock Holmes ?

Réponse C.

L'ennemi juré de Sherlock Holmes est le Pr James Moriarty. John Watson est le colocataire et ami du détective ; quant à Lestrade, c'est l'un des inspecteurs de Scotland Yard.

QUESTION N° 9

LA LITTÉRATURE FANTASTIQUE

Héroïne de Stephen King racée et séduisante, j'ai la particularité d'être... une voiture ! Je suis :

Réponse C.

Christine, l'héroïne éponyme du roman de Stephen King, est une voiture de sport. Cette Plymouth Fury 1958 est une machine vivante et jalouse. Amoureuse de son jeune propriétaire Arnie, elle n'aura de cesse d'essayer d'éliminer Leigh, sa rivale, la petite amie du jeune homme.

QUESTION N° 10

JULES VERNE

Quel est le nom du sous-marin dans lequel les héros de *Vingt Mille Lieues sous les mers* se retrouvent embarqués ?

Réponse C.

Les héros de *Vingt Mille Lieues sous les mers* se retrouvent embarqués à bord du *Nautilus*, le sous-marin du mystérieux capitaine Nemo. Le *Scotia* est le nom du bateau dans lequel ils naviguaient et qui a fait naufrage, quant à la *Calypso*, c'était le navire du commandant Cousteau !

QUESTION N° 11

SHAKESPEARE

Qui est Macbeth, héros de la pièce du même nom ?

Réponse B.

Macbeth est l'assassin de Duncan, le roi d'Écosse, qu'il tue pour prendre sa place sur le trône, accomplissant ainsi la prophétie annoncée par trois sorcières. Il enchaîne ensuite les meurtres, avec la complicité de sa femme, la terrible lady Macbeth.

QUESTION N° 12

CORNEILLE ET RACINE

***L'Illusion comique* est l'une de mes pièces les plus célèbres. Qui suis-je ?**

Réponse A.

Corneille a écrit *L'Illusion comique* en 1636. Il s'agit d'une comédie baroque en cinq actes, qui met en scène, pour la première fois, du théâtre dans le théâtre.

QUESTION N° 13

LE THÉÂTRE MODERNE

Les pièces de Jean Anouilh sont réparties en quatre catégories : les « noires », les « roses », les « brillantes » et les « grinçantes ».

Vrai.

Antigone (1944) et *Le Voyageur sans bagages* (1937) font partie des pièces « noires » ; *Le Bal des voleurs* (1938) est une pièce « rose ».

QUESTION N° 14

LES POÈTES CÉLÈBRES

Quel roi de France écrivait des poésies ?

Réponse C.

Le roi François Ier était non seulement un amoureux et un protecteur des arts et lettres, protection dont bénéficièrent notamment Clément Marot et François Rabelais, mais il écrivait lui-même des poésies. On lui doit ces vers connus : « Souvent femme varie, Bien fol qui s'y fie ! »

QUESTION N° 15

LES POÈTES ET LES POÉSIES

Pierre Gringoire, le poète maladroit de *Notre-Dame de Paris*, de Victor Hugo, a réellement existé.

Vrai.

Pierre Gringore était un poète dramatique français qui a vécu de 1475 à 1539, dont le nom a été légèrement modifié dans le roman de Victor Hugo.

QUESTION N° 16

LA LITTÉRATURE DU MOYEN ÂGE

Par qui Lancelot du Lac est-il élevé avant de partir pour la cour du roi Arthur ?

Réponse B.

C'est la Dame du Lac, autrement dit la fée Viviane, qui éduque le jeune Lancelot et lui inculque l'art de la chevalerie, faisant de lui le modèle du chevalier courtois.

QUESTION N° 17

LES AUTEURS FRANÇAIS

Associez chaque auteur à son pseudonyme.

- François Marie Arouet : **Voltaire.**
- Henri Beyle : **Stendhal.**
- Eugène Grindel : **Paul Eluard.**
- Jean-Baptiste Poquelin : **Molière.**
- Aurore Dupin : **George Sand.**
- Isidore Ducasse : **comte de Lautréamont.**
- Romain Gary : **Émile Ajar.**
- Wilhelm Apollinaris de Kostrowitzky : **Guillaume Apollinaire.**
- Sophie Rostopchine : **comtesse de Ségur.**
- Frédéric Dard : **San-Antonio.**

QUESTION N° 18

LES ÉCRIVAINS CÉLÈBRES

Associez chaque écrivain à son prénom.

- Joseph Conrad
- Roger Peyrefitte
- François Coppée
- Jack Kerouac
- Pierre Drieu la Rochelle

QUESTION N° 19

LES FEMMES EN LITTÉRATURE

Associez chaque œuvre à son auteur.

- *François le Champi* (1847-48): George Sand.
- *Hiroshima mon amour* (1959): Marguerite Duras.
- *La Force de l'âge* (1960): Simone de Beauvoir.
- *La Princesse de Clèves* (1678): la comtesse de Lafayette.
- *Mémoires d'Hadrien* (1951): Marguerite Yourcenar.
- *Débat de Folie et d'Amour* (1555): Louise Labé.
- *Hygiène de l'assassin* (2001): Amélie Nothomb.
- *Le Blé en herbe* (1923): Colette.

QUESTION N° 20

LES ŒUVRES FRANÇAISES CÉLÈBRES

Trouvez l'erreur glissée dans ces deux titres d'œuvres littéraires. Donnez également le nom de l'auteur.

1. Le titre exact de cette œuvre autobiographique d'Alfred de Musset, parue en 1836, est *La Confession d'un enfant du siècle*.

2. *Une saison en enfer* (1873) est un recueil de poèmes d'Arthur Rimbaud, pour la plupart en prose.

QUESTION N° 21

LES PERSONNAGES CÉLÈBRES

Dans cette série, tous les personnages sauf un sont tirés de la même œuvre. Donnez le titre de cette œuvre et son auteur et trouvez le personnage intrus.

Mario, Sylvia et Arlequin sont trois personnages du *Jeu de l'amour et du hasard*, de Pierre de Marivaux, écrit en 1730.

Géronte est entre autres le nom d'un personnage de Molière (*Les Fourberies de Scapin*, *Le Médecin malgré lui*, etc.).

QUESTION N° 22

LA LITTÉRATURE ÉTRANGÈRE

Complétez ces titres d'œuvres étrangères en choisissant le mot qui convient. Donnez également l'auteur de chaque œuvre.

1. ***Pas d'orchidées pour miss Blandish*** **est un roman noir de l'Anglais James Chase, paru en 1938.**

2. Dans ***Les Souffrances du jeune Werther*** **(1774), l'écrivain allemand Goethe met en scène un héros romantique en révolte contre l'ordre établi.**

QUESTION N° 23

LA LITTÉRATURE ANGLOPHONE

Dans cette série, tous les personnages sauf un sont tirés de la même œuvre. Donnez le titre de cette œuvre et son auteur, trouvez le personnage intrus et dites dans quelle œuvre il apparaît et qui l'a écrite.

Tom Sawyer est le héros des ***Aventures de Tom Sawyer*** **(1876), de l'Américain Mark Twain. Il habite chez sa tante Polly, et Huckleberry Finn est son meilleur ami. David Copperfield est le héros d'une œuvre éponyme de Charles Dickens (1849).**

QUESTION N° 24

LA LITTÉRATURE ANGLOPHONE

Trouvez les titres de deux œuvres littéraires grâce aux indices dont vous disposez.

1. ***Mort d'un commis voyageur***
Dans ce drame d'Arthur Miller, le héros, Willy Loman, ayant perdu son emploi, décide de se donner la mort dans un accident de voiture afin de permettre à sa famille de toucher son assurance vie.

2. ***Gatsby le Magnifique***
Gatsby le Magnifique (1925) est un roman de Francis Scott Fitzgerald qui se passe à New York pendant la Prohibition. Le héros, Gatsby, un jeune milliardaire, s'éprend de la femme de Tom Buchanan, un riche héritier.

QUESTION N° 25

LA LITTÉRATURE ENFANTINE

Associez chaque conte à son auteur.

- ***La Petite Fille aux allumettes*: Hans Christian Andersen.**
- ***Hänsel et Gretel*: les frères Grimm.**
- ***La Belle et la Bête*: Jeanne-Marie Leprince de Beaumont.**
- ***Le Chat botté*: Charles Perrault.**
- ***Casse-Noisette et le roi des rats*: E.T.A. Hoffmann.**

QUESTION N° 26

LES ROMANS POLICIERS

Complétez ces titres de romans policiers célèbres en choisissant le mot qui convient. Donnez également l'auteur de chaque œuvre.

1. *Drôle d'épreuve pour Nestor Burma* (1968) raconte une enquête du célèbre détective imaginé par Léo Malet.

2. *Ne pleure pas ma belle* est un thriller de Mary Higgins Clark, dans lequel une jeune femme essaie de découvrir l'assassin de sa sœur.

QUESTION N° 27

LA LITTÉRATURE FANTASTIQUE

Associez chaque œuvre à son auteur.

- *Frankenstein ou le Prométhée moderne* (1818) : Mary Shelley.
- *Docteur Jekyll et M. Hyde* (1885) : Robert Louis Stevenson.
- *Dracula* (1897) : Bram Stoker.
- *Histoires extraordinaires* (1840-1845) : Edgar Allan Poe.
- *Le Horla* (1887) : Guy de Maupassant.

QUESTION N° 28

LE THÉÂTRE CLASSIQUE

Associez chaque personnage à la pièce de théâtre dans laquelle il apparaît.

- **Néron** : ***Britannicus.***
- **Comte de Guiche** : ***Cyrano de Bergerac.***
- **Figaro** : ***Le Barbier de Séville.***
- **Créon** : ***Antigone.***
- **Arlequin** : ***La Double Inconstance.***

QUESTION N° 29

SHAKESPEARE

Trouvez, parmi ces trois propositions, le lien qui unit ce couple de personnages de Shakespeare.

Ophélie, fille de Polonius, est la fiancée de Hamlet, l'héritier du trône danois, qui donne son nom à l'œuvre. Il l'éconduit brutalement, ce qui la pousse au suicide.

QUESTION N° 30

LES POÉSIES CÉLÈBRES

Dans cette série, tous les recueils de poèmes sauf un sont du même poète. Trouvez de qui il s'agit, trouvez le poème ou le recueil intrus et dites quel est son auteur.

- ***Romances sans paroles*** **(1874), *Fêtes galantes* (1869) et *Jadis et Naguère* (1884) sont trois recueils de poèmes de Paul Verlaine.**
- ***Alcools*, paru en 1913, est un recueil de Guillaume Apollinaire.**

QUESTION N° 31

LES VERS CÉLÈBRES

Reconstituez ce vers célèbre en choisissant le mot qui convient parmi deux propositions. Donnez aussi l'auteur du poème.

« Je fais souvent ce rêve étrange et pénétrant... »

Poème : ***Mon rêve familier***
Auteur : **Paul Verlaine**

QUESTION N° 32

JEAN DE LA FONTAINE

Trouvez la fin du titre de chaque fable.

- ***Le Chêne et le Roseau***
- ***Les Animaux malades de la peste***
- ***Le Pot de terre et le Pot de fer***
- ***La grenouille qui veut se faire aussi grosse que le bœuf***
- ***Le Lièvre et la Tortue ou Le Lièvre et la Perdrix***

QUESTION N° 33

LE SIÈCLE DES LUMIÈRES

1. *Le Paysan parvenu* est une œuvre de Marivaux.

Vrai.
Marivaux a laissé deux romans réalistes inachevés : *La Vie de Marianne* (1731-1741) et *Le Paysan parvenu* (1735), qui raconte l'enrichissement d'un jeune fermier de province.

2. Dans *Les Liaisons dangereuses* de Choderlos de Laclos, le vicomte de Valmont tombe amoureux de Cécile de Volanges.

Faux.
Cécile de Volanges est la jeune fille que la marquise de Merteuil charge Valmont de compromettre. Il tombe amoureux de la présidente de Tourvel, qu'il avait prévu de séduire et de perdre.

3. *La Nouvelle Héloïse* est un roman épistolaire.

Vrai.
Le roman par lettres était un genre très en vogue au XVIIIe siècle. C'est le choix de Rousseau pour *La Nouvelle Héloïse* (1761).

QUESTION N° 34

BALZAC ET FLAUBERT

Trouvez à qui, d'Honoré de Balzac ou de Gustave Flaubert, se rapporte chacune de ces affirmations.

1. Honoré de Balzac
À ses débuts, Balzac fut clerc de notaire dans l'étude de maître Guillonet Merville. Il refusera de continuer dans cette voie.

2. Honoré de Balzac
Grâce au large succès de sa *Physiologie du mariage* (1829), les portes des salons parisiens s'ouvrirent à Balzac, dont celui de Mme de Récamier, où il rencontre Hugo, Dumas, Delacroix...

3. Gustave Flaubert
Le procès de Gustave Flaubert pour immoralité, qui fit suite à la parution de *Madame Bovary*, s'ouvrit en février 1857. Il se solda par un acquittement.

QUESTION N° 35

LA COMÉDIE HUMAINE

Complétez ces quelques titres de romans de *La Comédie humaine* de Balzac.

- ***Le Cousin Pons***
- ***Le Médecin de campagne***
- ***Le Colonel Chabert***
- ***La Cousine Bette***
- ***Le Lys dans la vallée***
- ***Le Contrat de mariage***

QUESTION N° 36

LA LITTÉRATURE MODERNE

Je raconte les aventures de Ferdinand Bardamu, tour à tour soldat pendant la Grande Guerre, employé d'une compagnie coloniale en Afrique, ouvrier aux États-Unis, puis médecin en France. Je suis :

Réponse B.

Ferdinand Bardamu est le héros de *Voyage au bout de la nuit*, le premier et le plus célèbre roman de Louis-Ferdinand Céline, paru en 1932. L'œuvre s'apparente à une épopée ou à un roman d'initiation, qui invite le lecteur à partager les expériences du héros dans un monde tiraillé entre horreur et absurde.

QUESTION N° 37

LA LITTÉRATURE ANCIENNE

Classez ces vingt auteurs antiques par nationalité.

Auteurs grecs :

- **Aristophane**
- **Aristote**
- **Démosthène**
- **Ésope**
- **Euripide**
- **Hérodote**
- **Homère**
- **Platon**
- **Sophocle**
- **Xénophon**

Auteurs latins :

- **Cicéron**
- **Lucrèce**
- **Ovide**
- **Plaute**
- **Pline**
- **Salluste**
- **Sénèque**
- **Térence**
- **Tite-Live**
- **Virgile**

Si vous en perdez votre latin, voici un petit truc mnémotechnique pour vous aider à retrouver la nationalité des auteurs de l'Antiquité : aidez-vous simplement de leur nom. S'il comporte un « h » ou un « y », vous pouvez être sûr qu'il s'agit d'un nom grec ! Évidemment, le problème, c'est que l'inverse n'est pas forcément vrai...

QUESTION N° 38

LES AUTEURS FRANÇAIS

Classez ces vingt noms d'auteurs français par époque.

• Moyen Âge et Renaissance :
Chrétien de Troyes (1135-1183),
Michel Eyquem de Montaigne (1533-1592),
François Rabelais (1494-1553),
François Villon (1431-?)

• XVIIe siècle :
Pierre Corneille (1606-1684),
Jean de La Bruyère (1645-1696),
Blaise Pascal (1623-1662),
Madeleine de Scudéry (1607-1701)

• XVIIIe siècle :
Pierre Caron de Beaumarchais (1732-1799),
Denis Diderot (1713-1784),
Pierre de Marivaux (1688-1763),
Voltaire (1694-1778)

• XIXe siècle :
Honoré de Balzac (1799-1850),
Charles Baudelaire (1821-1867),
Alexandre Dumas fils (1824-1895),
Gustave Flaubert (1821-1880)

• XXe siècle :
Albert Camus (1913-1960),
André Malraux (1901-1976),
Antoine de Saint-Exupéry (1900-1944),
Jean-Paul Sartre (1905-1980)

QUESTION N° 39

LES ÉCRIVAINS CÉLÈBRES

Reconstituez les noms de quinze écrivains célèbres avec les syllabes mélangées dans cette grille.

1. **BAZIN Hervé**, écrivain français (1911-1996)
2. **BARJAVEL René**, écrivain français (1911-1985)
3. **BRETON André**, écrivain français (1896-1966)
4. **CÉLINE Louis-Ferdinand**, écrivain français (1894-1961)
5. **DICKENS Charles**, écrivain britannique (1812-1870)
6. **FÉNELON François**, écrivain français (1651-1715)
7. **FITZGERALD Francis Scott**, écrivain américain (1896-1940)
8. **GIRAUDOUX Jean**, écrivain français (1882-1944)
9. **KESSEL Joseph**, écrivain français (1898-1979)
10. **LONDON Jack**, écrivain américain (1876-1916)
11. **MACHIAVEL**, écrivain italien (1469-1527)
12. **NERUDA Pablo**, écrivain chilien
13. **PÉTRARQUE**, écrivain italien (1304-1374)
14. **TOURGUENIEV Ivan**, écrivain russe (1818-1883)
15. **YOURCENAR Marguerite**, écrivain franco-américain (1903-1987)

QUESTION N°40

LES CITATIONS

Qui a dit quoi ?

Associez chaque citation à un auteur.

- « Une vie ne vaut rien, mais rien ne vaut une vie. »
  André Malraux
- « On ne voit bien qu'avec le cœur. L'essentiel est invisible pour les yeux. »
  Antoine de Saint-Exupéry
- « [...] l'enfer, c'est les autres. »
  Jean-Paul Sartre
- « L'homme n'est qu'un roseau, le plus faible de la nature, mais c'est un roseau pensant. »
  Blaise Pascal
- « Les vrais paradis sont les paradis qu'on a perdus. »
  Marcel Proust
- « Un poète est un monde enfermé dans un homme. »
  Victor Hugo
- « Ne forçons point notre talent, nous ne ferions rien avec grâce. »
  Jean de La Fontaine
- « L'homme est un loup pour l'homme. »
  Thomas Hobbes

QUESTION N°41

LA LITTÉRATURE ÉTRANGÈRE

Associez chaque écrivain à son pays d'origine.

- **Umberto Eco : Italie**
- **Alexandre Pouchkine : Russie**
- **Oscar Wilde : Irlande**
- **Yukio Mishima : Japon**
- **Jakob Grimm : Allemagne**
- **John Irving : États-Unis**
- **Georges Simenon : Belgique**
- **Pablo Neruda : Chili**
- **Hans Christian Andersen : Danemark**
- **Walter Scott : Écosse**
- **Tahar Ben Jelloun : Maroc**
- **Octavio Paz : Mexique**
- **Miguel de Cervantès : Espagne**
- **Ian Fleming : Angleterre**
- **Léopold Sédar Senghor : Sénégal**

QUESTION N°42

LES GENRES LITTÉRAIRES

Classez ces vingt œuvres par genre littéraire.

- **Poésies, recueils poétiques :**

La Ballade des pendus de François Villon (1463)
Les Amours de Pierre de Ronsard (1552-1578)
Les Fleurs du mal de Charles Baudelaire (1857)
Alcools de Guillaume Apollinaire (1913)

- **Pièces de théâtre :**

Hernani ou l'honneur castillan de Victor Hugo (1830)
Les Caprices de Marianne d'Alfred Musset (1833)
La Cantatrice chauve d'Eugène Ionesco (1950)
En attendant Godot de Samuel Beckett (1952)

- **Nouvelles :**

Colomba de Prosper Mérimée (1840)
Les Filles du feu de Gérard de Nerval (1854)
La Métamorphose de Franz Kafka (1915)
Le Passe-muraille de Marcel Aymé (1943)

- **Essais, œuvres philosophiques :**

Discours de la méthode de René Descartes (1637)
De l'esprit des lois de Charles de Montesquieu (1748)
Du contrat social de Jean-Jacques Rousseau (1762)
L'Être et le Néant de Jean-Paul Sartre (1943)

- **Romans :**

Paul et Virginie de Bernardin de Saint-Pierre (1788)
L'Assommoir d'Émile Zola (1877)
Le Grand Meaulnes d'Alain-Fournier (1913)
L'Étranger d'Albert Camus (1942)

QUESTION N°43

LE THÉÂTRE CLASSIQUE

Complétez ces célèbres vers tirés du *Cid* de Corneille.

1. **« À vaincre sans péril, on triomphe sans gloire. »** Le comte, acte II, scène 2
2. **« Je dois à ma maîtresse aussi bien qu'à mon père. »** Don Rodrigue, acte I, scène 6
3. **« Ô rage ! Ô désespoir ! Ô vieillesse ennemie ! »** Don Diègue, acte I, scène 4
4. **« Nous partîmes cinq cents ; mais par un prompt renfort »** Don Rodrigue, acte IV, scène 3
5. **« N'ai-je donc tant vécu que pour cette infamie ? »** Don Diègue, acte I, scène 4

QUESTION N°44

MOLIÈRE

Donnez le nom de chacun de ces personnages de Molière.

1. **Le bourgeois gentilhomme : M. Jourdain**
2. **L'avare : Harpagon**
3. **Le misanthrope : Alceste**
4. **Le malade imaginaire : Argan**

QUESTION N°45

CYRANO DE BERGERAC

Reconstituez cet extrait de la célèbre « tirade du nez » de *Cyrano de Bergerac*, d'Edmond Rostand, en choisissant le mot qui convient parmi les deux propositions.

Cyrano

« Ah ! non ! c'est un peu **court**, jeune homme !
On pouvait dire... Oh ! Dieu !... bien des choses
en somme...
En variant le **ton**, – par exemple, tenez
Agressif : « Moi, monsieur, si j'avais un tel nez,
Il faudrait sur-le-champ que je me l'**amputasse** ! »
Amical : « Mais il doit tremper dans votre tasse :
Pour boire, faites-vous fabriquer un hanap ! »
Descriptif : « C'est un roc !... C'est un **pic** !...
C'est un cap !
Que dis-je, c'est un cap ?... C'est une péninsule ! »

Dans cette longue tirade, qui se poursuit après cet extrait, Cyrano se moque volontairement de son propre nez, montrant toute la verve dont il est capable, en réponse au vicomte de Valvert qui, intimidé, n'avait pu que lui dire en hésitant qu'il avait « un nez... très grand ».

QUESTION N°46

LES POÈTES CÉLÈBRES

Classez ces huit poètes dans l'ordre chronologique de leur naissance.

1. **MAROT Clément (1496–1544)**
2. **RONSARD Pierre de (1524–1585)**
3. **LA FONTAINE Jean de (1621–1695)**
4. **BOILEAU Nicolas (1636–1711)**
5. **LAMARTINE Alphonse de (1790–1869)**
6. **HUGO Victor (1802–1885)**
7. **ELUARD Paul (1895–1952)**
8. **PRÉVERT Jacques (1900–1977)**

QUESTION N° 47

RIMBAUD ET VERLAINE

Trouvez à qui, d'Arthur Rimbaud ou de Paul Verlaine, se rapporte chacune de ces affirmations.

1. **Paul Verlaine**
Les *Poèmes saturniens* sont des poèmes de jeunesse de Paul Verlaine, qu'il publie en 1866 alors qu'il n'a que 22 ans.

2. **Arthur Rimbaud**
Cette phrase célèbre est tirée de la non moins célèbre *Lettre du voyant*, écrite à Paul Demeny en 1871, dans laquelle Rimbaud exprime son point de vue sur la poésie.

3. **Paul Verlaine**
Pour retenir Rimbaud qui voulait le quitter, Verlaine lui tira deux coups de revolver dessus. Cela lui valut plus d'un an de prison.

4. **Arthur Rimbaud**
Rimbaud abandonna la poésie en 1876, à l'âge de 22 ans ! Par la suite, il se lança dans toutes sortes d'activités. De 1884 à 1891, année de sa mort, il fut trafiquant d'armes au Harar.

5. **Paul Verlaine**
Le séjour en prison de Verlaine le plongea dans une crise mystique. À sa sortie, il se tourna vers la foi. C'est de cette époque que date le recueil *Sagesse* (1874-1880).

QUESTION N°48

JEAN DE LA FONTAINE

Associez chaque morale à une fable.

- **« Patience et longueur de temps font plus que force ni que rage. »**
Le Lion et le Rat

- **« Aide-toi et le ciel t'aidera. »**
Le Charretier embourbé

- **« Ne faut-il que délibérer, la cour en conseillers foisonne ; est-il besoin d'exécuter, l'on ne rencontre plus personne. »**
Conseil tenu par les rats

- **« Aidez les gens avant de les blâmer. »**
L'Enfant et le Moraliste

QUESTION N°49

MONTAIGNE ET RABELAIS

Trouvez à qui, de Rabelais ou Montaigne, se rapporte chacune de ces affirmations.

1. Rabelais

Il fut élève dans une abbaye franciscaine, puis au couvent de Fontenay-le-Comte. Il reçut la prêtrise en 1511 mais se défroqua en 1527.

2. Rabelais

Les Horribles et Épouvantables Faits et Prouesses du très renommé Pantagruel fut publié en 1532 sous le pseudonyme d'Alcofribas Nasier, qui est une anagramme de François Rabelais!

3. Montaigne

Les *Essais* sont une importante œuvre de Montaigne en trois volumes, au départ notes de lecture approfondies, au final méditation sur « l'humaine condition ».

4. Rabelais

Gargantua est un géant, fils de Grandgousier et de Gargamelle. Il est le héros de la *Vie inestimable du grand Gargantua, père de Pantagruel*, de Rabelais, paru en 1534.

5. Montaigne

Montaigne fut conseiller à la cour des aides de Périgueux, puis au parlement de Bordeaux, avant d'être élu maire de la ville en 1581. Il le resta jusqu'en 1585.

QUESTION N° 50

NOTRE-DAME DE PARIS

Trouvez les cinq erreurs qui se sont glissées dans ce résumé de *Notre-Dame de Paris*, de Victor Hugo.

1. Le roman débute le 6 janvier 1482, date qui correspond, non pas au carnaval, mais à la fois à la fête des Rois et à la fête des Fous. Le moment le plus attendu de la seconde fête est l'élection du « pape des fous », qui couronne la figure la plus horriblement grimaçante. Quasimodo remporte le concours.

2. Le poète qu'Esmeralda accepte d'épouser selon le rite gitan, pour le sauver de la mort à la cour des Miracles, se nomme Pierre Gringoire. Clopin Trouillefou, le roi de Thunes, est celui qui a proclamé son arrêt de mort.

3. Djali, l'animal de compagnie d'Esmeralda, dont elle ne se sépare jamais, n'est pas une chatte mais « une jolie petite chèvre blanche, alerte, éveillée, lustrée, avec des cornes dorées, avec des pieds dorés, avec un collier doré ». Elle accompagne la gitane quand danse dans la rue.

4. Esmeralda est sauvée des mains de Quasimodo et de Frollo, qui souhaitaient l'enlever, par Phoebus de Châteaupers, qui n'est pas prévôt mais capitaine des archers de l'ordonnance du roi. Dès lors, elle n'aura de cesse de vouloir revoir le beau jeune homme, promis à une autre mais qui succombe aux charmes de la belle gitane.

5. Claude Frollo, l'archidiacre de Notre-Dame, n'est pas le frère de Quasimodo mais son père adoptif. Il a en effet recueilli le bossu alors qu'il n'était encore qu'un bébé et qu'il avait été abandonné sur le parvis de la cathédrale. Il utilise cet être naïf pour servir ses desseins.

QUESTION N° 51

LA LITTÉRATURE MODERNE

Complétez ces titres de romans du XXᵉ siècle en choisissant le mot qui convient. Donnez également l'auteur de chaque œuvre.

- ***Mémoires d'une jeune fille rangée*** est un récit autobiographique de Simone de Beauvoir, paru en 1958.
- ***Un roi sans divertissement***, dans lequel il est question du désespoir et de l'ennui perpétuel de l'homme, est une œuvre de Jean Giono, parue en 1947.
- ***Manon des sources*** est un roman de Marcel Pagnol, paru en 1953.
- ***La Symphonie pastorale*** est une œuvre d'André Gide, écrite sous la forme d'un journal intime, parue en 1919. Il y est question de la passion d'un pasteur pour sa fille adoptive.
- ***Vol de nuit***, de Saint-Exupéry, paru en 1931, raconte le quotidien dangereux des pilotes de l'aéropostale, prêts à risquer leur vie pour accomplir leur mission.

QUESTION N° 52

PROUST

Complétez les titres des sept différents tomes de *À la recherche du temps perdu* de Marcel Proust.

Le cycle est composé de sept tomes, dont les trois derniers sont posthumes :

1. ***Du côté de chez Swann* (1913)**
2. ***À l'ombre des jeunes filles en fleurs* (1918)**
3. ***Le Côté de Guermantes* (1920)**
4. ***Sodome et Gomorrhe* (1922)**
5. ***La Prisonnière* (1923)**
6. ***Albertine disparue (La Fugitive)* (1925)**
7. ***Le Temps retrouvé* (1927)**

SCIENCES

QUESTION N° 1

LES SCIENTIFIQUES CÉLÈBRES

Quel scientifique grec de l'Antiquité peut être considéré comme le père de la médecine occidentale ?

Réponse A.

Hippocrate, qui vécut de 460 à 377 avant J.-C., est incontestablement le plus grand médecin de l'Antiquité. Il est notamment le fondateur de l'observation clinique et on lui doit la notion d'« humeurs ».

QUESTION N° 2

MARIE CURIE

C'est à moi que l'on doit l'invention du terme « radioactivité ».

Vrai.

Marie Curie est à l'origine du terme « radioactivité », prouvant qu'il s'agit d'une propriété intrinsèque de l'élément et non du résultat d'une réaction chimique.

QUESTION N° 3

MATHÉMATIQUES

Dans la numération binaire, on utilise uniquement les chiffres 1 et 2.

Faux.

La numération binaire a pour base 2. Les seuls chiffres utilisés dans cette numération sont 0 et 1. C'est ce système que l'on retrouve dans les calculateurs électroniques et plus globalement en informatique.

QUESTION N° 4

LES NOMBRES

Comment appelle-t-on un nombre qui est égal à la somme de tous ses diviseurs ?

Réponse A.

On appelle nombre parfait un nombre qui est égal à la somme de tous ses diviseurs, sauf lui-même. C'est le cas du nombre 6, qui est égal à la somme de 1 + 2 + 3. Un nombre transcendant (comme le nombre π), par opposition à un nombre algébrique, n'est la racine d'aucun polynôme à coefficients entiers.

QUESTION N° 5

LA GÉOMÉTRIE

Combien un tétraèdre régulier comporte-t-il d'arêtes ?

Réponse A.

Un tétraèdre régulier a la forme d'une pyramide constituée de quatre triangles équilatéraux. Il comporte donc six arêtes qui concourent trois par trois en quatre sommets. Il existe deux autres polyèdres réguliers constitués de triangles équilatéraux : l'octaèdre (huit triangles) et l'icosaèdre (vingt triangles).

QUESTION N° 6

LA CHIMIE

Qu'est-ce qu'un oxyde ?

Réponse B.

Un oxyde est un composé chimique constitué d'un ou plusieurs atomes d'oxygène associé(s) à un autre élément simple (par exemple, l'oxyde de carbone) ou complexe (par exemple, l'oxyde d'éthylène). Les monoxydes sont des oxydes qui ne comportent qu'un atome d'oxygène, les dioxydes, deux, les trioxydes, trois, ...

QUESTION N° 7

LES SCIENCES PHYSIQUES

Que produit un corps cryogène ?

Réponse A.

Un corps cryogène produit du froid. C'est le cas, par exemple, de l'azote ou de certains fluorocarbones comme le fréon, qui est notamment utilisé dans les réfrigérateurs.

QUESTION N° 8

LA MESURE DU TEMPS

À combien de jours équivaut précisément une année ?

Réponse B.

Une année équivaut précisément à 365,24 jours, soit 8 765,8 heures. L'année civile compte 365 jours. C'est pour combler ce décalage qu'ont été instituées les années bissextiles, à 366 jours, à raison d'une tous les quatre ans. Le jour supplémentaire est le 29 février.

QUESTION N°9

L'ÉLECTRICITÉ

L'anode est l'électrode reliée au pôle négatif d'un générateur électrique.

Faux.

L'anode est l'électrode reliée au pôle positif d'un générateur électrique, l'électrode reliée au pôle négatif est la cathode.

QUESTION N°10

L'ÉVOLUTION

L'homme de Cro-Magnon a vécu au Paléolithique supérieur.

Vrai.

L'homme de Cro-Magnon, qui doit son nom à l'abri sous roche où plusieurs squelettes d'hominiens du même type ont été retrouvés en 1968, a vécu il y a environ 30 000 ans, ce qui correspond au Paléolithique supérieur (ce dernier s'étend de – 40 000 à – 9 000 ans).

QUESTION N° 11

LA TÊTE

Quelle est la partie de l'œil qui lui donne sa couleur ?

Réponse C.
L'iris est une membrane colorée, en forme de disque, située dans la partie antérieure de l'œil. Elle est visible à travers la cornée, transparente, située devant elle. En son centre se trouve un orifice, la pupille, dont le diamètre varie en fonction de la lumière.

QUESTION N° 12

LA ZOOLOGIE

Qu'est ce qu'un animal arénicole ?

Réponse A.
Un animal arénicole vit dans le sable. C'est le cas de plusieurs mollusques lamellibranches, comme la palourde, la coque ou le couteau. Le terme « arénicole » désigne aussi plus spécifiquement une sorte de ver assez long, qui vit dans un tube qu'il creuse dans les sols vaseux et que les pêcheurs utilisent comme appât naturel.

QUESTION N° 13

LES CRIS D'ANIMAUX

Quel animal coasse ?

Réponse C.

Le coassement désigne le cri de la grenouille. À ne pas confondre avec le croassement, qui désigne le cri de la corneille et du corbeau. La pie, elle, jase ou jacasse.

QUESTION N° 14

LES VÉGÉTAUX

Qu'est-ce qu'un akène ?

Réponse B.

Le mot « akène », ou achaine, désigne un fruit sec indéhiscent, c'est-à-dire ne s'ouvrant pas spontanément à maturité et ne contenant qu'une seule graine. La noisette, la châtaigne ou le gland sont des akènes. Les petits grains que l'on trouve à la surface des fraises sont également des akènes, la partie rouge n'étant en fait que le réceptacle charnu de la fleur.

QUESTION N° 15

LES VÉGÉTAUX

Trouvez l'intrus dans cette série et précisez ce qui fait de lui un intrus.

L'intrus est la courgette, qui est une variété de courge dont on consomme le fruit qui pousse hors du sol.

Le salsifis, le navet et le radis sont tous trois des plantes potagères que l'on cultive pour leur racine, car c'est elle que l'on consomme. C'est également le cas de la carotte ou de la betterave.

QUESTION N° 16

LES FRUITS

Associez chaque variété au fruit qu'elle désigne.

- Royal gala : **pomme**
- Reine-Claude : **prune**
- Maltaise : **orange**
- Burlat : **cerise**
- Muscat : **raisin**

QUESTION N° 17

LES GRANDES AVANCÉES SCIENTIFIQUES

Pour chacune de ces grandes découvertes ou inventions, trouvez lequel des deux scientifiques est à son origine.

1. Le paratonnerre a été mis au point en 1752 par l'homme politique et physicien américain Benjamin Franklin, qui était spécialiste d'électrostatique.
2. Louis Pasteur est le créateur de la microbiologie. C'est lui qui a découvert le rôle capital des microbes dans les maladies infectieuses et l'asepsie qui consiste à les détruire par stérilisation.
3. Le savant français Lavoisier est l'un des pères de la chimie moderne. Il a notamment découvert la composition de l'air et de l'eau et déterminé le rôle capital de l'oxygène dans la combustion.

Thomas Edison est notamment le père du phonographe, du microphone ou de la lampe à incandescence, René Laennec inventa le stéthoscope, et Antoine Becquerel est à l'origine de la pile impolarisable à deux liquides.

QUESTION N° 18

LA GÉOMÉTRIE

Qu'énonce le célèbre théorème de Pythagore ?

Réponses B et C.

En fait, ces deux formules sont équivalentes puisque l'aire d'un carré est égale à la longueur d'un côté portée au carré.

Le théorème de Pythagore est exprimé ainsi : $a^2 + b^2 = c^2$, où « c » représente l'hypothénuse et « a » et « b » les autres côtés. On pense que les Babyloniens avaient découvert cette formule mille ans avant Pythagore, mais en revanche, c'est bien à lui que l'on doit aussi le théorème sur la somme des angles intérieurs d'un triangle.

QUESTION N° 19

LES ANGLES

Trouvez, parmi les trois propositions, la description qui correspond à chaque angle présenté. Attention, il peut y avoir plusieurs réponses pour un même angle !

Réponses A et C.

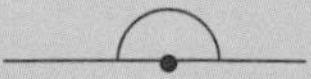

Réponses A et B.

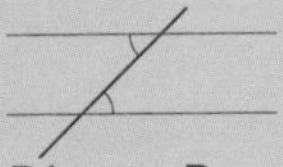

Réponse B.

Petit rappel à l'usage de ceux pour qui la géométrie n'est qu'un lointain souvenir :

– Un angle aigu est inférieur à 90°.
– Un angle obtus est supérieur à 90° et inférieur à 180°.
– Un angle droit est égal à 90°.
– Un angle plat est égal à 180°.
– Un angle saillant est inférieur à 180°.
– Des angles alternes-internes sont formés par deux droites parallèles coupées par une sécante, ils sont situés de part et d'autre de la sécante, entre les deux droites parallèles.
– Les angles contraires, coplanaires ou rectangles n'existent pas !

QUESTION N° 20

LA CHIMIE

L'uranium est un métal alcalin.

Faux.

L'uranium ne fait pas partie de la famille des métaux alcalins, qui regroupe le césium, le francium, le lithium, le potassium, le rubidium et le sodium.

QUESTION N° 21

LA CHIMIE

Trouvez, parmi les trois propositions, le symbole chimique qui correspond à chaque élément naturel.

1. Or : **Au**
2. Zinc : **Zn**
3. Soufre : **S**
4. Argent : **Ag**

Quatre-vingt-dix éléments naturels sont actuellement répertoriés. Ils entrent dans la composition de tous les corps terrestres. Leur symbole est le plus souvent la majuscule initiale du nom, éventuellement suivie d'une lettre minuscule. Parfois, les symboles n'ont rien à voir avec le nom de l'élément, souvent parce que ce dernier a changé au fil du temps (par exemple, Na pour le sodium, anciennement « natrium »). D'autres raisons peuvent expliquer cette différence : le symbole du tungstène est W, de wolfram, son principal minerai, par exemple.

QUESTION N° 22

LES UNITÉS DE MESURE

Dans cette série, trois unités mesurent la même chose. Trouvez la chose mesurée et identifiez l'unité intruse.

L'intrus est la mole. Il s'agit de l'unité de quantité de matière du système international (SI). La livre, le quintal et le carat sont trois unités de masse. La première, de valeur variable selon les pays, équivaut en France à 500 g. La deuxième équivaut à 100 kg. Le carat, enfin, est une unité de masse réservée au domaine des pierres précieuses. Un carat est égal à 0,2 g.

QUESTION N° 23

L'OPTIQUE

Citez dans l'ordre les six couleurs de l'arc-en-ciel en partant de l'intérieur.

Les six couleurs de l'arc-en-ciel en partant de l'intérieur sont : violet ; bleu ; vert ; jaune ; orangé ; rouge. À ces six couleurs conventionnelles reconnues en optique, on ajoute parfois par tradition l'indigo, situé entre le violet et le bleu.

QUESTION N°24

LE SYSTÈME SOLAIRE

Le diamètre du Soleil est égal à environ...

Réponse A.

Le diamètre du Soleil est approximativement égal à 109 fois le diamètre équatorial de la Terre puisqu'ils sont respectivement de 1 392 000 km et 12 756 km. Le volume du Soleil est 1 300 000 fois plus important que celui de notre planète.

QUESTION N°25

LES SCIENCES DE LA VIE

Trouvez, parmi les trois propositions, à quelle branche de la biologie correspond chaque définition.

1. **Réponse B.**

La chronobiologie étudie les phénomènes cycliques chez les êtres vivants ; l'actinologie étudie les propriétés biologiques des radiations.

2. **Réponse A.**

La bryologie est l'étude des mousses ; la chorologie étudie la répartition des êtres vivants sur la Terre.

QUESTION N° 26

LE SQUELETTE

Associez chaque nom à l'os qui lui correspond sur ce squelette.

1. **Clavicule**
2. **Vertèbre cervicale**
3. **Omoplate**
4. **sternum**
5. **Humérus**
6. **Bassin**

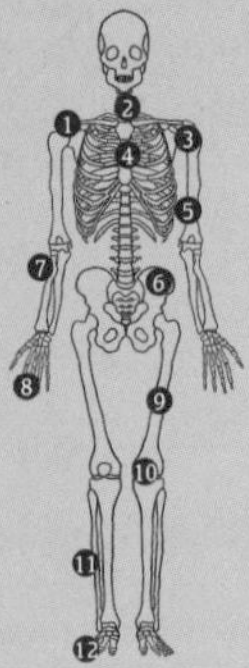

7. **Radius**
8. **Phalange**
9. **Fémur**
10. **Rotule**
11. **Péroné**
12. **Tarse**

QUESTION N° 27

LA TÊTE

Quel est l'ordre des trois osselets de l'oreille, en partant de l'extérieur ?

Réponse A.

Le conduit auditif de l'oreille externe aboutit à l'oreille moyenne, où se trouve le tympan. Ce dernier est une membrane, qui transmet les vibrations de l'air aux trois osselets de l'oreille interne, le marteau d'abord, puis l'enclume et enfin l'étrier.

QUESTION N° 28

LES SPÉCIALITÉS MÉDICALES

Associez chaque médecin à sa spécialité.

- Dermatologue : **peau**
- Gériatre : **personnes âgées**
- Ophtalmologiste : **yeux**
- Urologue : **voies urinaires**
- Stomatologue : **bouche**
- Pédiatre : **enfants**
- Neurologue : **système nerveux**
- Phoniatre : **organes vocaux**
- Gastro-entérologue : **tube digestif**
- Orthopédiste : **squelette et articulations**
- Gynécologue : **organisme et appareil génital féminin**
- Néphrologue : **reins**
- Obstétricien : **grossesse et accouchement**
- Phlébologue : **veines**
- Oto-rhino-laryngologiste (ORL) : **oreilles, gorge et nez**

QUESTION N° 29

LES PATHOLOGIES

Associez chaque pathologie à sa définition.

- Inflammation de l'oreille : **otite**
- Douleur musculaire : **myalgie**
- Cancer du sang : **leucémie**
- Inflammation des articulations : **arthrite**
- Perte du sens du goût : **agueusie**

QUESTION N° 30

LES RACES D'ANIMAUX

Dans cette série, tous les mots sont des noms de race d'un même animal sauf un. Trouvez quel est cet animal commun et trouvez le nom intrus.

L'intrus est le coyote, canidé proche du loup et du chacal.

Le teckel, le husky et le danois sont des chiens. Le premier est un basset allemand, le deuxième un grand chien de traîneau gris et blanc, le troisième, aussi appelé dogue allemand, a un pelage ras, gris ou blanc.

QUESTION N° 31

LES EMPREINTES D'ANIMAUX

Rendez son empreinte à chaque animal.

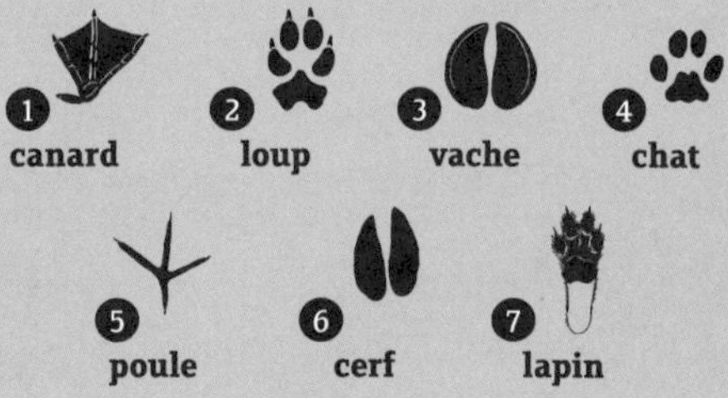

QUESTION N° 32

LES REPTILES

Quelle(s) particularité(s) orphologique(s) les serpents présentent-ils ?

Réponses A, B et C.

Les serpents présentent un certain nombre de particularités morphologiques : leur poumon droit est atrophié, si bien que seul le gauche fonctionne ; les deux branches de leurs mandibules peuvent bouger séparément et les os de leur palais sont mobiles, ce qui leur permet d'avaler des proies entières, même de grande taille ; ils possèdent souvent des vestiges de membres (on pense en effet que les serpents dérivent de lézards ayant perdu leurs pattes). Et il en existe bien d'autres...

QUESTION N° 33

LES OISEAUX

Associez chaque espèce à un nom d'oiseau.

- Ara : **perroquet**
- Ramier : **pigeon**
- Canari : **serin**
- Aigrette : **héron**
- Effraie : **chouette**

QUESTION N° 34

LES VÉGÉTAUX

Classez ces vingt-quatre plantes alimentaires par catégorie.

- Céréales : **avoine, blé, maïs, millet, orge, riz**
- Plantes potagères : **artichaut, céleri, navet, pâtisson, potiron, salsifis**
- Champignons : **chanterelle, coulemelle, lépiote, oronge, pleurote, truffe**
- Herbes aromatiques : **ciboulette, estragon, menthe, origan, sarriette, serpolet**

Un tel classement se fonde sur les différences morphologiques des plantes considérées, mais aussi sur les différents usages que l'on en fait. Il est toujours difficile de classer les végétaux, car les critères scientifiques qui permettent de les distinguer se heurtent aux appellations abusives et aux distinctions arbitraires que nous faisons dans la vie courante. Cela est particulièrement vrai pour les fruits et légumes, puisqu'on a tendance à considérer qu'un fruit est généralement sucré et un légume plutôt salé, ce qui n'a aucun fondement scientifique !

QUESTION N° 35

LES CHAMPIGNONS

Associez chaque nom à un champignon.

1 morille

2 champignon de Paris

3 lépiote

4 chanterelle

5 cèpe

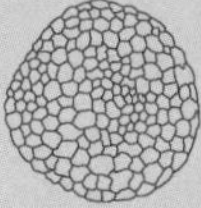

6 truffe

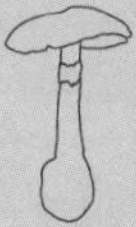

7 amanite phalloïde

8 vesse-de-loup

QUESTION N° 36

LA STRUCTURE DE LA TERRE

Associez chaque nom à une couche de la Terre sur le schéma qui représente une coupe transversale de notre planète.

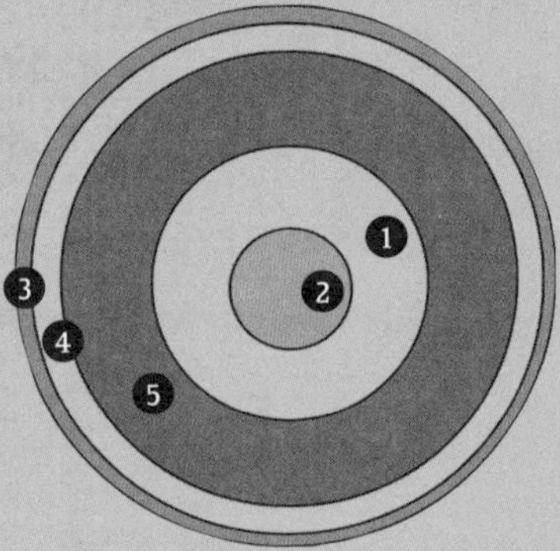

1. **Noyau externe**
2. **Noyau interne**
3. **Croûte terrestre**
4. **Manteau supérieur**
5. **Manteau inférieur**

QUESTION N° 37

LES GRANDES AVANCÉES SCIENTIFIQUES

Classez ces avancées scientifiques dans l'ordre chronologique.

1. **Mise au point de la boussole** (Chinois, IIe siècle apr. J.-C.)
2. **Découverte de la rotation de la Terre sur son axe** (Nicolas Copernic, 1543)
3. **Loi de la gravitation universelle** (Isaac Newton, vers 1665)
4. **Isolation de l'oxygène** (Joseph Priestley, 1774)
5. **Découverte d'Uranus** (William Herschel, 1781)
6. **Découverte de l'homme de Cro-Magnon** (1868)
7. **Découverte des vitamines** (Frederick Hopkins, 1906)
8. **Découverte de la structure à double hélice de l'ADN** (James Watson et Francis Crick, 1953)
9. **Construction du premier laser** (T. H. Maiman, 1960)
10. **« Naissance » de Dolly, la première brebis clonée** (Ian Wilmut, 1996)

QUESTION N° 38

LES CHIFFRES ROMAINS

Donnez l'équivalent en chiffres arabes de chaque nombre écrit en chiffres romains.

- **MCMLXXIV = 1974**
- **CCCLVI = 356**
- **DXLII = 542**
- **DCCXII = 712**
- **MCCCXLVIII = 1348**
- **MMMCMXCIX = 3999**
- **CMXLVII = 947**
- **MMMMXCVIII = 4098**

QUESTION N° 39

LES COMPOSÉS ET LES PRODUITS CHIMIQUES

Associez chaque composé chimique à sa formule.

- Eau : H_2O
- Méthane : CH_4
- Dioxyde de carbone : CO_2
- Acide nitrique : HNO_3
- Trioxyde de soufre : SO_3
- Alcool éthylique (éthanol) : CH_3CH_2OH

QUESTION N°40

LES APPAREILS DE MESURE

Trouvez, parmi trois propositions, l'appareil qui permet de réaliser les mesures indiquées.

1. **Réponse A.**
Le tensiomètre mesure la pression artérielle, le goniomètre mesure les angles, en géométrie ou en optique notamment.

2. **Réponse A.**
L'électromètre mesure des différences de potentiel ou des charges électriques, le galvanomètre mesure l'intensité de faibles courants électriques.

3. **Réponse C.**
Le luxmètre sert à mesurer l'éclairement, le colorimètre permet de définir une couleur et ses composantes par comparaison avec un étalon.

4. **Réponse A.**
L'altimètre est un appareil qui mesure l'altitude, le rhéomètre sert à mesurer la vitesse d'écoulement des fluides.

QUESTION N° 41

LES UNITÉS DE MESURE

Associez chaque unité à ce qu'elle mesure.

- Becquerel : **activité d'un échantillon radioactif**
- Hertz : **fréquence**
- Radian : **angle**
- Newton : **force**
- Millibar : **pression**
- Ampère : **intensité du courant électrique**
- Mole : **quantité de matière**
- Kilogramme : **masse**
- Mile : **longueur**
- Nœud : **vitesse**
- Stère : **volume**

QUESTION N°42

LES UNITÉS DE MESURE

Trouvez, parmi les trois propositions, le bon résultat de chaque conversion.

1. **1 yard = 0,914 m**

Le yard est une unité de longueur anglo-saxonne.

2. **0 °Celsius = 32 °Fahrenheit**

L'échelle de température en degrés Fahrenheit est utilisée dans les pays anglo-saxons. 100 °C = 212 °F

3. **1 gallon = 3,785 l ou 4,545 l**

Le gallon est une unité de capacité anglo-saxonne qui vaut 3,785 l aux États-Unis et 4,545 l en Grande-Bretagne et au Canada.

4. **1 millibar = 1 hectopascal**

Un millibar, c'est-à-dire un millième de bar, équivaut à un hectopascal, c'est-à-dire 100 pascals.

QUESTION N°43

L'HISTOIRE DE L'ASTRONOMIE

Classez ces dix avancées de l'astronomie dans l'ordre chronologique.

1. **Détermination précise de la durée de l'année astronomique** (Babyloniens, vers 300 av. J.-C.)
2. **Première évaluation de la circonférence de la Terre** (Eratosthène, Grèce, IIIe-IIe siècle av. J.-C.)
3. **Première observation de l'explosion d'une supernova** (Chinois, 1054)
4. **Découverte de la révolution de la Terre autour du Soleil** (Nicolas Copernic, Pologne, 1543)
5. **Lois sur le mouvement des planètes autour du Soleil, dites lois de Kepler** (Johannes Kepler, Allemagne, 1605-1618)
6. **Découverte des anneaux de Saturne** (Christiaan Huygens, Pays-Bas, 1656)
7. **Théorie du Big Bang** (Georges Lemaître, Belgique, 1927)
8. **Découverte de Pluton** (Clyde Tombaugh, États-Unis, 1930)

9. **Lancement du premier satellite artificiel Spoutnik 1** (Russie, 1957)
10. **Premiers pas de l'homme sur la Lune** (Neil Armstrong, États-Unis, 1969)

QUESTION N° 44

LE SYSTÈME SOLAIRE

Classez les huit planètes du Système solaire de la plus petite à la plus grande.

1. **Mercure** (diamètre : 4 878 km)
2. **Mars** (diamètre : 6 794 km)
3. **Vénus** (diamètre : 12 102 km)
4. **Terre** (diamètre : 12 756 km)
5. **Neptune** (diamètre : 50 000 km)
6. **Uranus** (diamètre : 51 120 km)
7. **Saturne** (diamètre : 120 660 km)
8. **Jupiter** (diamètre : 142 700 km)

QUESTION N° 45

LES CONSTELLATIONS

Associez chaque nom à sa constellation.

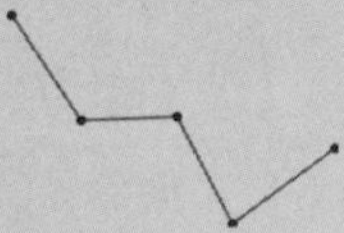

Cassiopée
(Repérable grâce au groupe de cinq étoiles qui la composent et qui forment un « W ».)

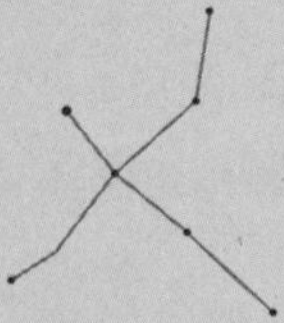

Cygne
(Repérable grâce à sa forme de grande croix et à Deneb, l'étoile très lumineuse qui se situe au sommet de cette croix.)

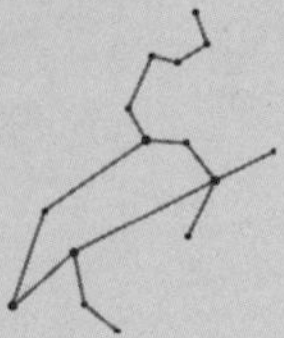

Lion
(Repérable grâce au groupe d'étoiles qui forme un dessin de faucille ou de point d'interrogation inversé.)

Grande Ourse
(Repérable grâce à sa forme caractéristique de casserole et aux sept étoiles très lumineuses qui la composent.)

QUESTION N°46

L'ÉVOLUTION

Classez ces cinq types d'hominiens dans l'ordre chronologique de leur apparition sur Terre.

- **Australopithèque**
  (– 5 millions d'années)
- ***Homo habilis***
  (– 4 millions d'années)
- ***Homo erectus***
  (– 1,65 million d'années)
- ***Homo sapiens neandertalensis***
  (– 0,5 million d'années)
- ***Homo sapiens sapiens***
  (– 100 000 ans)

QUESTION N° 47

LES MUSCLES

Associez chaque muscle à une partie du corps.

- Biceps brachial : **bras**
- Frontal : **tête**
- Grand dorsal : **dos**
- Grand zygomatique : **mâchoire**
- Quadriceps : **cuisse**
- Trapèze : **épaule**
- Cœur : **poitrine**
- Petit oblique : **abdomen**
- Cubital antérieur : **avant-bras**
- Fessier : **fesses**
- Pectoraux : **poitrine**
- Biceps crural : **cuisse**

QUESTION N° 48

LES GRANDES AVANCÉES MÉDICALES

Classez ces dix avancées médicales dans l'ordre chronologique.

1. **Fondation de l'observation clinique** (Hippocrate, Grèce, IVe siècle av. J.-C.)
2. **Description de la circulation sanguine** (William Harvey, Grande-Bretagne, 1628)
3. **Première fécondation artificielle** (L. Spallanzani, Italie, 1777)
4. **Première opération chirurgicale sous anesthésie** (C. W. Long, États-Unis, 1842)
5. **Mise au point du premier vaccin, contre la rage** (Louis Pasteur, France, 1885)
6. **Mise au point du BCG, vaccin antituberculeux** (A. Calmette et C. Guérin, France, 1923)
7. **Invention de la première pilule contraceptive** (G. Pincus, États-Unis, 1954)
8. **Naissance du premier bébé-éprouvette : Louise Brown** (Grande-Bretagne, 26 juillet 1978)
9. **Mise au point de la trithérapie pour le traitement du sida** (1996)
10. **Première greffe des deux mains** (J.-M. Dubernard, France, janvier 2000)

QUESTION N° 49

LA ZOOLOGIE

Classez ces unités de classification biologique de la plus précise à la plus englobante.

1. **Race** (charolaise, épagneul, percheron...)
2. **Espèce** (lion, chat, poule...)
3. **Genre** (*Panthera*, *Chermes*...)
4. **Famille** (Canidés, Bovidés, Salmonidés...)
5. **Ordre** (Cétacés, Crocodiliens, Rongeurs...)
6. **Sous-classe** (Aptérygotes, Dibranches, Ratites...)
7. **Classe** (Mammifères, Poissons, Oiseaux...)
8. **Règne** (végétal, animal...)

QUESTION N° 50

LES FAMILLES D'ANIMAUX

Associez chaque animal à sa famille.

- Koala : **Marsupiaux**
- Chamois : **Caprins**
- Blaireau : **Mustélidés**
- Fennec : **Canidés**
- Panda géant : **Ursidés**
- Zèbre : **Équidés**
- Bison : **Bovidés**
- Orque : **Cétacés**
- Loir : **Rongeurs**
- Singe : **Primates**
- Caïman : **Crocodiliens**
- Phacochère : **Suidés**
- Renne : **Cervidés**
- Guépard : **Félidés**
- Lama : **Camélidés**

QUESTION N° 51

LES POISSONS

Classez les vingt noms de poissons suivants en deux catégories, les poissons d'eau douce et les poissons marins.

- Poissons d'eau douce : **anguille, brochet, carpe, gardon, goujon, omble chevalier, perche, piranha, sandre**
- Poissons marins : **bar, colin (ou lieu noir), flétan, hareng, limande, lotte, maquereau, mérou, rascasse, rouget, turbot**

Certains poissons peuvent se rencontrer à la fois dans le milieu marin ou en eau douce. Ainsi le mulet, par exemple, vit en eau douce mais fraye dans la mer. Inversement, le saumon, comme la truite de mer, naît en rivière, puis migre vers la mer, où il achève sa croissance avant de revenir sur son lieu de naissance pour se reproduire.

QUESTION N° 52

LES INSECTES

Reconstituez les noms de quinze insectes avec les syllabes mélangées de cette grille.

1. **BOMBYX** (papillon nocturne)
2. **BOURDON** (gros insecte au corps jaune et noir)

3. **CIGALE** (insecte aux ailes translucides, dont seul le mâle chante, ou craquette)

4. **CRIQUET** (insecte sauteur souvent confondu avec la sauterelle)

5. **DORYPHORE** (coléoptère jaune et noir friand de pommes de terre)

6. **FRELON** (grosse guêpe)

7. **GUÊPE** (insecte jaune et noir pourvu d'un aiguillon, ou dard)

8. **HANNETON** (coléoptère brun)

9. **LIBELLULE** (grand insecte des eaux douces dormantes)

10. **MANTE** (insecte carnassier au corps vert)

11. **MOUSTIQUE** (insecte dont la femelle se nourrit de sang)

12. **PUNAISE** (insecte hétéroptère)

13. **SCARABÉE** (sorte de coléoptère noir aux reflets bleutés)

14. **TERMITE** (insecte mangeur de bois)

15. **TIQUE** (insecte parasite se logeant sous la peau de certains mammifères)

HISTOIRE

QUESTION N°1

L'ÉGYPTE ANCIENNE

Comment Cléopâtre est-elle morte ?

Réponse A.

Selon la légende, Cléopâtre se serait volontairement exposée à une morsure d'aspic, vipère au venin extrêmement toxique. Ayant pris la fuite vers l'Égypte avec Antoine, son amant romain, après la défaite d'Actium, elle se serait donné la mort avec lui à Alexandrie.

QUESTION N°2

LES HÉBREUX

Qui reçut de Dieu, au mont Sinaï, les dix commandements gravés sur les Tables de la Loi ?

Réponse A.

Moïse passa 40 jours sur le mont Sinaï. C'est alors que Yahvé lui remit les tables de pierre sur lesquelles étaient gravés les dix commandements de la Loi.

QUESTION N° 3

LA GRÈCE ANTIQUE

La ville de Troie, théâtre de la guerre du même nom racontée par Homère dans *l'Iliade*, a réellement existé.

Vrai.

La ville de Troie n'est pas une invention homérique, elle a réellement existé et fut vraisemblablement incendiée. On la situe à l'emplacement de la ville turque actuelle d'Hissarlik.

QUESTION N° 4

LA MYTHOLOGIE GRÉCO-ROMAINE

Quel animal était Cerbère ?

Réponse C.

Cerbère, l'impitoyable gardien des Enfers, était un chien monstrueux, possédant trois, voire cent têtes selon les versions. Seul Hercule parvint à le capturer, réussissant ainsi l'un des douze travaux imposés par l'oracle de Delphes.

QUESTION N°5

L'EMPIRE ROMAIN

Les patriciens étaient les membres de la noblesse romaine.

Vrai.

Les patriciens, nobles de Rome, jouissaient de certains privilèges, par opposition aux plébéiens, gens du peuple.

QUESTION N°6

LE MOYEN ÂGE

Laquelle de ces matières n'était pas étudiée dans les universités au Moyen Âge ?

Réponse B.

La géographie n'était pas étudiée dans les universités médiévales. Les facultés généralistes dispensaient des cours de philosophie, de lettres et de sciences, et trois facultés spécialisées traitaient de droit, de théologie et de médecine.

QUESTION N° 7

CHARLEMAGNE

Le sacre de Charlemagne a eu lieu le jour de Noël.

Vrai.

Le sacre de Charlemagne a eu lieu à Aix-la-Chapelle, en Allemagne, le 25 décembre 800.

QUESTION N° 8

LA RENAISSANCE

Comment Henri IV fut-il surnommé, du fait de sa vie sentimentale mouvementée ?

Réponse B.

Les frasques sentimentales d'Henri IV lui valurent le surnom de Vert Galant. Il eut deux épouses, Marguerite de Valois et Marie de Médicis, et de multiples maîtresses, dont Gabrielle d'Estrées, qui lui donna trois enfants.

QUESTION N° 9

LA GUERRE DE CENT ANS

Quelle ville française les Anglais conservèrent-ils après la fin de la guerre ?

Réponse C.

Malgré la fin de la guerre en 1453, les Anglais conservèrent la ville française de Calais, qui ne sera reprise qu'en 1558, soit cent ans plus tard. Quant à Deauville, c'est armés de parasols et de sièges de plage que les Anglais l'envahirent beaucoup plus pacifiquement... quelques siècles plus tard !

QUESTION N° 10

JEANNE D'ARC

Jeanne d'Arc et ses compagnons obligèrent les Anglais à lever le siège de Reims.

Faux.

C'est la ville d'Orléans, non de Reims, que Jeanne d'Arc et ses compagnons libérèrent des Anglais le 8 mai 1429.

QUESTION N° 11

LE XVIIe SIÈCLE

En quelle année l'édit de Nantes fut-il émis ?

Réponse A.

L'édit de Nantes, qui autorisait la liberté de culte en France et donnait un statut légal à l'Église réformée, mettant fin aux guerres de religion, fut promulgué par Henri IV en 1598. Louis XIV le révoqua en 1685, après avoir fortement réprimé les protestants de France.

QUESTION N° 12

NAPOLÉON

Bonaparte devint empereur après le coup d'État du 18-Brumaire.

Faux.

Avec l'appui des modérés, Bonaparte organisa un coup d'État, le 18 Brumaire, pour renverser le Directoire, à la suite duquel il devint Premier consul.

QUESTION N° 13

LES RELIGIONS

Que signifie le mot hébreu *talmud*, qui a donné son nom à l'ouvrage fondamental du judaïsme ?

Réponse A.

Le Talmud tire son nom du mot hébreu *talmud* qui signifie « étude ». Cet ouvrage fondamental du judaïsme est un recueil de commentaires de docteurs et de rabbins sur la Loi de Moïse (Torah).

QUESTION N° 14

LE XXe SIÈCLE

Quel dirigeant chinois est à l'origine de la Révolution culturelle ?

Réponse C.

En 1966, Mao Zedong, président du parti communiste chinois depuis 1935, instaura un vaste mouvement idéologique, politique et armé, la « Grande Révolution culturelle prolétarienne », qui devait durer jusqu'à sa mort en 1976.
Il s'agissait d'évincer les autorités en place, de réduire les artistes et les intellectuels au silence et de déplacer les masses paysannes vers les villes et inversement. Ce désastre historique et humain fit des millions de victimes.

QUESTION N° 15

LES PHRASES CÉLÈBRES

Qui a dit « Je n'ai rien à offrir que du sang, du labeur, des larmes et de la sueur » ?

Réponse C.

Cette phrase est tirée d'un discours de Winston Churchill du 13 mai 1940, dans lequel il fait part de sa détermination lors de la Seconde Guerre mondiale et exhorte à la lutte pour la victoire contre les forces allemandes.

QUESTION N° 16

LES HOMMES CÉLÈBRES

Quel homme politique indien devint Premier ministre après l'indépendance du pays en 1947 ?

Réponse B.

Nehru, que Gandhi avait rallié à ses idées nationalistes, fut l'un des principaux acteurs de l'indépendance de l'Inde. Il devint président du Congrès national indien en 1929, puis Premier ministre en 1947, lorsque l'indépendance fut acquise. Il le resta jusqu'à sa mort en 1964.

QUESTION N° 17

LES HÉBREUX

Quel nom signifie « père d'une multitude de nations » ?

Réponse B.

Le prophète s'appelait Abram. Yahvé le rebaptisa Abraham, ce qui signifie « père d'une multitude de nations ».

QUESTION N° 18

LA GRÈCE ANTIQUE

Les cités de Sparte et d'Athènes s'opposèrent lors de la guerre du Bosphore.

Faux.

Le conflit qui opposa Sparte à Athènes de 431 à 404 avant J.-C. fut la guerre du Péloponnèse. Elle se solda par une victoire spartiate qui mit fin à l'hégémonie athénienne.

QUESTION N° 19

LA MYTHOLOGIE GRÉCO-ROMAINE

En quoi Io, amante de Zeus, fut-elle transformée par celui-ci ?

Réponse C.

Pour que son épouse, Héra, ne soupçonne pas son infidélité, Zeus transforma Io, son amante et prêtresse d'Héra, en génisse. Mais Héra, ayant découvert son stratagème, envoya un taon pour piquer Io, qui erra ensuite longuement à travers toute la Grèce. La mer Ionienne porte aujourd'hui son nom en souvenir de son périple.

QUESTION N° 20

L'EMPIRE ROMAIN

Avec les syllabes mélangées dans cette grille, vous pouvez reconstituer le nom de quinze empereurs romains.

- **Dynastie julio-claudienne : AUGUSTE, CALIGULA, CLAUDE, NÉRON, TIBÈRE**
- **Dynastie flavienne : DOMITIEN, TITUS, VESPASIEN**
- **Dynastie des Antonins : COMMODE, HADRIEN, NERVA, TRAJAN**
- **Autres : AURÉLIEN, CONSTANTIN, GALBA**

QUESTION N° 21

LE MOYEN ÂGE

Lequel de ces souverains est devenu Saint-Louis ?

Réponse B.

Saint-Louis n'est autre que Louis IX, fils de Louis VIII et de Blanche de Castille. Chrétien accompli, réputé pour son intégrité et sa vertu, il participa à deux croisades et succomba à la peste devant Tunis lors de la huitième croisade. Il fut canonisé en 1297.

QUESTION N° 22

CHARLEMAGNE

Charlemagne est le fondateur de la dynastie carolingienne.

Faux.

Comme son nom ne l'indique pas, la dynastie carolingienne ne fut pas fondée par Charlemagne mais par son père, Pépin le Bref.

QUESTION N° 23

LA GUERRE DE CENT ANS

Quel souverain anglais est à l'origine de la guerre de Cent Ans ?

Réponse C.

C'est Édouard III qui est à l'origine de la guerre de Cent Ans. En effet, ce souverain anglais revendiquait le trône de France, échu à Philippe VI de Valois, auquel il pouvait prétendre en tant que petit-fils de Philippe IV le Bel.

QUESTION N° 24

LE XVIIe SIÈCLE

Sous quel nom la duchesse de Montpensier, grande figure de la Fronde, est-elle plus connue ?

Réponse A.

La duchesse de Montpensier, nièce de Louis XIII, est plus connue par son surnom de la Grande Mademoiselle. Pendant la Fronde, elle rejoignit les opposants au pouvoir royal et apporta son aide à Condé.

QUESTION N° 25

LOUIS XIV

Louis XIV appartenait à la maison de Bourbon.

Vrai.

Henri IV fut le premier Bourbon à accéder au trône de France. Louis XIV fut à l'origine de la branche aînée française des Bourbons, héritière du trône jusqu'en 1830.

QUESTION N° 26

LA PREMIÈRE GUERRE MONDIALE

Quelle expédition franco-britannique fut lancée par Winston Churchill dans le but de forcer la Turquie à sortir de la guerre ?

Réponse B.

En 1915, Churchill lança une expédition dans les Dardanelles, afin de conquérir les détroits et de forcer les Turcs à sortir de la guerre. Cependant, ces derniers, guidés par Mustafa Kemal, opposèrent une résistance farouche, si bien que l'opération fut un échec.

QUESTION N° 27

LES RELIGIONS

Dites à quel culte ou religion appartient la fête de Pâques.

Réponses A, B et C !

La fête de Pâques est célébrée par l'ensemble des chrétiens. Elle commémore la résurrection du Christ. Elle n'est pas célébrée à la même date par les chrétiens d'Occident et ceux d'Orient, car ces derniers ont conservé le calendrier julien.
Il ne faut pas confondre cette fête avec la Pâque (sans « s »), qui commémore la libération du peuple juif d'Égypte.

QUESTION N° 28

LES GRANDES DÉCOUVERTES

Leur empereur était tenu pour être le fils du Soleil. De quel peuple s'agit-il ?

Réponse C.

L'empereur, appelé « l'Inca », était considéré comme étant un descendant du Soleil, ce qui faisait de lui un personnage divin, objet d'un véritable culte.

QUESTION N° 29

CHRISTOPHE COLOMB

Combien de temps dura la première traversée de l'Atlantique effectuée par Christophe Colomb ?

Réponse A.

La traversée de l'Atlantique dura environ deux mois. Les navires quittèrent Palos, en Andalousie, le 3 août 1492, et accostèrent sur une terre qu'ils croyaient être l'Inde le 12 octobre.

QUESTION N° 30

L'HISTOIRE DES COLONIES

Quel pays africain portait le nom de Guinée espagnole avant la proclamation de son indépendance ?

Réponse B.

Lorsqu'elle était colonie espagnole, la Guinée-Équatoriale portait le nom de Guinée espagnole. La Guinée portugaise désignait l'actuelle Guinée-Bissau. La Guinée, ancienne colonie française, n'a pas changé de nom. Notez qu'il existe une dernière Guinée, la Nouvelle-Guinée, qui ne se trouve pas comme les autres en Afrique mais au cœur de l'Océanie !

QUESTION N° 31

LES ÉTATS-UNIS

À quel peuple indien la tribu de Geronimo appartenait-elle ?

Réponse C.

Geronimo était un chef apache. Il mena des opérations de résistance farouche pour défendre la liberté de son peuple face aux troupes des États-Unis mais, vaincu, il dut accepter de s'installer dans une réserve en Oklahoma en 1885. Il s'en échappa et continua à lutter jusqu'en 1886, date à laquelle il fut définitivement battu.

QUESTION N° 32

LA RUSSIE ET LE BLOC DE L'EST

Quelle ville fut rebaptisée Stalingrad de 1925 à 1961 ?

Réponse A.

En 1925, la ville de Volgograd, anciennement Tsaritsyne, fut rebaptisée Stalingrad. Elle conserva ce nom jusqu'en 1961. Elle fut le lieu de la célèbre bataille de Stalingrad qui marqua un tournant décisif lors de la Seconde Guerre mondiale.

QUESTION N° 33

LE XIXe SIÈCLE

Le traité de Paris mit fin à la guerre de Crimée en 1856.

Vrai.

La guerre de Crimée éclata en 1854, opposant la Russie à la France, la Grande-Bretagne, la Turquie et le royaume de Piémont-Sardaigne. Le traité de Paris, signé en mars 1856, consacra la défaite de la Russie.

QUESTION N° 34

LA CONSTRUCTION DE L'EUROPE

Après l'adhésion de la Grèce, la CEE comptait 12 membres.

Faux.

Avec l'adhésion de la Grèce en 1981, le nombre des pays membres de la CEE passe à dix.

QUESTION N° 35

LES FEMMES CÉLÈBRES

Trouvez le nom de cette femme célèbre grâce aux indices dont vous disposez.

Baignoire + Révolution = Charlotte Corday

Charlotte Corday était une révolutionnaire française, partisane des Girondins. Elle désigna Marat comme le responsable de leur chute et, pour les venger, l'assassina dans son bain le 13 juillet 1793.

QUESTION N° 36

LES HOMMES CÉLÈBRES

Trouvez l'intrus et justifiez votre réponse.

L'intrus est Tchang Kaï-chek, seul dirigeant n'ayant pas fondé ou adhéré au parti communiste de son pays (Tito en Yougoslavie, Hô Chi Minh en Indochine, Nicolae Ceausescu en Roumanie).

QUESTION N° 37

L'ÉGYPTE ANCIENNE

Dans la mythologie égyptienne, qui est Hathor ?

Réponse A.

Dans la mythologie égyptienne, Hathor est une déesse à tête de vache. Son nom signifie « demeure d'Horus », ce dieu à tête de faucon dont elle est l'épouse. Déesse de la Beauté, de l'Ivresse, de la Musique et de la Danse, elle a été identifiée par les Grecs à leur Aphrodite.

QUESTION N° 38

LA RENAISSANCE

Trouvez le lien, familial ou non, qui unit chacun de ces couples de personnages historiques.

- Louis XII était le beau-père de François Ier, puisqu'il était le père de sa femme, Claude de France.
- Charles IX était le frère de François II, l'aîné des trois fils de Catherine de Médicis et d'Henri II.
- Henri III était le fils cadet d'Henri II et de Catherine de Médicis. Il fut d'abord roi de Pologne avant de devenir roi de France en 1574.
- Boniface de la Môle fut l'un des nombreux amants de Marguerite de Valois, dont les aventures amoureuses n'avaient rien à envier à celles de son mari Henri de Navarre.
- Louise de Savoie était la mère de François Ier et de Marguerite de Navarre.

QUESTION N° 39

VERSAILLES

Trouvez les cinq erreurs qui se sont glissées dans ce texte.

1. C'est en 1624, et non en 1524, que Louis XIII fit bâtir son rendez-vous de chasse. La résidence royale était alors le Louvre, que Louis XIII avait augmenté du pavillon de l'Horloge.

2. Même lorsqu'il n'était encore qu'un pavillon de chasse, le château de Versailles n'a jamais comporté de colombages. Les bâtiments du premier château construit par Louis XIII étaient en brique, en pierre et en ardoise. Ce sont ceux qui entourent actuellement la cour de Marbre.

3. Le premier architecte chargé par Louis XIV de transformer Versailles fut Louis Le Vau, déjà maître d'œuvre du château de Vaux-le-Vicomte et d'une façade du Louvre aujourd'hui disparue. Jules Hardouin-Mansart reprendra le chantier après sa mort en 1670. Ce sont les jardins de Versailles qui sont l'œuvre de Le Nôtre.

4. La construction de Versailles nécessita 5 000 ouvriers... plus quelque 30 000 autres ! Rien d'étonnant lorsqu'on considère les dimensions hors normes du château : les façades occidentales, par exemple, s'étirent sur 580 m ! La galerie des Glaces mesure quelque 73 m de long.

5. Lorsque la cour du Roi-Soleil est transférée à Versailles, le château est loin d'être terminé! L'Orangerie, les écuries et la chapelle, par exemple, ne seront édifiées que bien après. La galerie des Glaces elle-même ne sera achevée qu'en 1686.

QUESTION N° 40

LA RÉVOLUTION FRANÇAISE

Du 24 octobre 1793, date de sa mise en place par la Convention nationale, jusqu'au 1er janvier 1806, la France vécut au rythme du calendrier républicain. Associez chaque mois de ce calendrier à l'une des quatre saisons.

Le calendrier républicain comprenait 12 mois de 30 jours, divisés chacun en 3 décades (10 jours). Cinq jours étaient ajoutés en fin d'année pour parvenir à 365. Les noms des mois avaient été inspirés par les saisons et les travaux des champs.

L'ordre était le suivant :
Automne
1. **Vendémiaire (mois des vendanges)**
2. **Brumaire (mois des brouillards)**
3. **Frimaire (mois des frimas)**

Hiver
4. **Nivôse (mois de la neige)**
5. **Pluviôse (mois de la pluie)**
6. **Ventôse (mois du vent)**

Printemps

7. Germinal (mois de la germination)
8. Floréal (mois des fleurs)
9. Prairial (mois des prairies)

Été

10. Messidor (mois des moissons)
11. Thermidor (mois de la chaleur)
12. Fructidor (mois des fruits)

QUESTION N° 41

LES ROIS DE FRANCE

Classez ces dix souverains de France selon l'ordre chronologique de leur règne.

1. Clovis Ier (roi des Francs 481-511)
2. Dagobert Ier (roi des Francs 629-638)
3. Pépin le Bref (roi des Francs 751-768)
4. Charlemagne (roi des Francs en 768, empereur d'Occident 800-814)
5. Louis X (roi de France 1314-1316)
6. Charles VII (roi de France 1422-1461)
7. François Ier (roi de France 1515-1547)
8. Henri II (roi de France 1547-1559)
9. Henri IV (roi de France 1589-1610)
10. Louis XIII (roi de France 1610-1643)

QUESTION N°42

LES ROIS ET LES REINES DE FRANCE

Reconstituez dix couples de souverains de France.

Les réponses sont données dans l'ordre chronologique.

- **Clovis Ier : Clotilde**
- **Louis VIII : Blanche de Castille**
- **François Ier : Claude de France**
- **Henri II : Catherine de Médicis**
- **François II : Marie Stuart**
- **Henri IV : Marie de Médicis**
- **Louis XIV : Marie-Thérèse d'Autriche**
- **Louis XVI : Marie-Antoinette d'Autriche**
- **Napoléon Ier : Joséphine de Beauharnais**
- **Napoléon III : Eugénie de Montijo**

Pour simplifier la tâche, nous avons volontairement choisi de ne mettre qu'un seul nom d'épouse pour chaque souverain. En effet, nombreux sont les souverains qui ont répudié leur femme ou annulé leur mariage, pour de sombres raisons d'alliances politiques ou de territoires !

QUESTION N°43

NAPOLÉON

Qui est qui ?

- **Jérôme Bonaparte : frère de Napoléon**
- **Joséphine de Beauharnais : première femme de Napoléon**
- **Marie-Paulette (dite Pauline) Bonaparte : sœur de Napoléon**
- **Charles Louis Napoléon Bonaparte (Napoléon III) : neveu de Napoléon**
- **François Charles Joseph Bonaparte (Napoléon II) : fils de Napoléon**
- **Marie-Louise de Habsbourg-Lorraine : deuxième femme de Napoléon**

QUESTION N°44

LA SECONDE GUERRE MONDIALE

Associez chaque événement de la Seconde Guerre mondiale à la date qui lui correspond.

- **Appel du général de Gaulle : 18 juin 1940**
- **Invasion de la Pologne : 1er septembre 1939**
- **Débarquement en Normandie : 6 juin 1944**
- **Capitulation de l'Allemagne : 8 mai 1945**
- **Signature de l'armistice par la France : 22 juin 1940**
- **Début du procès de Nuremberg : 20 novembre 1945**
- **Arrestation de Jean Moulin : 21 juin 1943**
- **Suicide d'Hitler : 30 avril 1945**
- **Défaite allemande à Stalingrad : 2 février 1943**
- **Explosion de la bombe atomique à Hiroshima : 6 août 1945**

QUESTION N°45

LES GRANDES DÉCOUVERTES

Quel peuple établit sa capitale Tenochtitlán (la future Mexico) sur un lac en 1325 ?

Réponse B.

Les Aztèques fondèrent leur capitale en 1325. La ville fut conquise par les Espagnols en 1521, entièrement rasée puis reconstruite.

QUESTION N°46

L'HISTOIRE DES COLONIES

Lequel de ces pays d'Afrique ne fut jamais colonisé par les Européens ?

Réponse A.

Le Soudan fut conquis en 1820 par le vice-roi d'Égypte Méhémet-Ali. Après l'occupation de l'Égypte par la Grande-Bretagne, cette dernière dut mater la révolte qui menaçait l'autorité égyptienne dans le pays. En 1899, le Soudan devint condominium anglo-égyptien. Il ne fut jamais colonisé.

QUESTION N° 47

L'HISTOIRE DES COLONIES

Associez chaque pays à un pays colonisateur et à la date de son indépendance.

- Le Brésil fut colonisé par les Portugais à partir de 1500, après sa découverte par Cabral. Il devint un empire indépendant en 1822.

- Le Viêt Nam devint colonie française en 1887. Les premiers troubles nationalistes éclatèrent en 1925. Ils aboutirent 20 ans plus tard à l'indépendance du pays.

- La colonisation de l'Indonésie fut entreprise par les Néerlandais à partir du XVIe siècle. En 1877, le pays bénéficia d'une autonomie relative. Toutefois, il ne devint indépendant qu'en 1949.

- L'Inde fut rattachée à la Couronne britannique en 1858. Elle est indépendante depuis 1947.

- La colonisation du Sénégal fut entreprise par les Français au XVIIe siècle. Le Sénégal devint république autonome en 1960.

QUESTION N° 48

LES ÉTATS-UNIS

Retrouvez l'ordre chronologique de ces dix présidents des États-Unis du XXe siècle.

Les dates données entre parenthèses sont celles de l'entrée en fonction, au mois de janvier, de chaque président.

1. **Dwight David Eisenhower** (1953, républicain)
2. **John Fitzgerald Kennedy** (1961, démocrate)
3. **Lyndon Baines Johnson** (1963, démocrate)
4. **Richard Milhous Nixon** (1968, républicain)
5. **Gerald Rudolph Ford** (1974, républicain)
6. **James Earl (Jimmy) Carter** (1977, démocrate)
7. **Ronald Reagan** (1981, républicain)
8. **George Herbert Walker Bush** (1989, républicain)
9. **William Jefferson (Bill) Clinton** (1993, démocrate)
10. **George W. Bush** (2001, républicain)

QUESTION N°49

LE XXe SIÈCLE

Trouvez les cinq erreurs qui se sont glissées dans ce texte.

1. Le téléphone est une invention de l'Américain d'origine britannique Graham Bell (1847-1922). Au début du XIXe siècle, il n'était donc même pas né ! Bell inventa le téléphone en 1876, après avoir mené nombre de travaux en acoustique médicale qui l'amenèrent notamment à créer une oreille artificielle pour les malentendants.

2. La Grande-Bretagne fut effectivement la pionnière de la révolution industrielle en Europe, si bien que ce n'était pas le tiers, mais la moitié de la production industrielle mondiale qui sortait de ses usines dès les années 1820.

3. La fonte au bois ne fut pas remplacée par la fonte au gaz mais au coke, un combustible issu de la houille, qui s'imposa dès le premier tiers du XIXe siècle. La sidérurgie connut un bond formidable, du fait de la demande créée par la construction des rails de chemin de fer et des machines industrielles elles-mêmes.

4. Bordeaux n'a jamais été un grand centre textile en France. Les régions qui accueillirent les usines textiles furent principalement l'Alsace, la Normandie et la région de Roubaix. En Angleterre, où chaque région eut assez vite sa spécialité, ce sont dans celles du Lancashire et du Yorkshire que s'implantèrent les industries textiles.

5. La fibre bon marché qui s'imposa peu à peu au XIXe siècle dans l'industrie textile n'était pas le lin mais le coton, en provenance des colonies américaines. Très vite, la forte demande en textile, due notamment à l'importante croissance démographique, incita les industriels à moderniser les procédés de fabrication.

QUESTION N° 50

LE XXe SIÈCLE

Le pape Jean-Paul II aurait-il pu assister au vol inaugural de la fusée *Ariane*?

Oui.

Karol Wojtyla devint pape, sous le nom de Jean-Paul II, en 1978. Un an plus tard, le 24 décembre 1979, la première fusée *Ariane* décollait.

QUESTION N° 51

LA CONSTRUCTION DE L'EUROPE

Classez ces dix étapes de la construction européenne dans l'ordre chronologique.

1. Signature du traité de l'Atlantique Nord (4 avril 1949)
2. Création de la Communauté européenne du charbon et de l'acier (CECA) (1951)
3. Création de la CEE (1957)
4. Adhésion du Danemark, de l'Irlande et du Royaume-Uni (1973)
5. Adhésion de la Grèce (1981)
6. Adhésion de l'Espagne et du Portugal (1986)
7. Entrée en vigueur du traité de Maastricht (1er novembre 1993)
8. Suppression des frontières entre les pays de l'Union européenne (1995)
9. Adhésion de l'Autriche, de la Finlande et de la Suède (1995)
10. Mise en place de l'euro, la monnaie unique (1er janvier 2002)

QUESTION N° 52

LES HOMMES CÉLÈBRES

Associez chaque personnage historique à ce qu'il a fondé.

- Napoléon Bonaparte : **Banque de France (1800)**
- François Ier : **Collège de France (1530)**
- Hô Chi Minh : **Viêt-minh (1941)**
- Richelieu : **Académie française (1635)**
- Ignace de Loyola : **Compagnie de Jésus (jésuites) (1540)**
- Henri Dunant : **Croix-Rouge (1863)**
- Theodore Roosevelt : **FBI (1908)**
- Lénine : **IIIe Internationale communiste (1919)**
- Henri VIII d'Angleterre : **Église anglicane (1534)**

GÉOGRAPHIE

Entries
Entrées / Entradas
Visas
Departures
Sorties / Salidas
12 FEB 2005
MALAYSIA
KELUAR
12 FEB 2005
IMMIGRATION
12 FEB 2005
13 MAR 2005
-8 MAR 2005
04 OCT 2002

QUESTION N°1

LES VILLES DE FRANCE

Trouvez le nom de cette ville de France grâce aux indices dont vous disposez.

Cinéma + Calvados = Deauville

Deauville est une petite commune du Calvados (14), en Basse-Normandie. C'est une station balnéaire très prisée depuis le milieu du XIXe siècle, réputée pour son luxe et son raffinement. Depuis 30 ans, la ville accueille également chaque année le Festival du film américain.

QUESTION N°2

LA FRANCE DES DOM-TOM

Laquelle de ces cultures n'est pas pratiquée dans les Antilles françaises ?

Réponse B.

Les Antilles françaises cultivent la canne à sucre et la banane, même si ces cultures reculent peu à peu, mais pas le café. Les productions de sucre et de rhum sont deux activités non agricoles qui participent également beaucoup à la vie économique des îles des Antilles françaises.

QUESTION N° 3

LES PAYS D'EUROPE

L'archipel des Açores appartient à l'Espagne.

Faux.

Les neuf îles de l'archipel des Açores, situé dans l'Atlantique Nord, appartiennent au Portugal, dont elles constituent une région autonome.

QUESTION N° 4

L'UNION EUROPÉENNE

Comment les députés européens sont-ils élus ?

Réponse A.

Depuis 1979, les députés du Parlement européen sont élus au suffrage universel direct. À la suite des élections de 2009, ils sont 736, leur nombre pour chaque État étant proportionnel au nombre d'habitants du pays en question.

QUESTION N°5

L'ASIE

Le fleuve Mékong marque la frontière naturelle entre le Laos et la Thaïlande.

Vrai.

Le Mékong marque la frontière naturelle entre le Laos et la Thaïlande mais aussi entre le Myanmar (Birmanie) et le Laos.

QUESTION N°6

L'AMÉRIQUE DU NORD

De combien d'États les États-Unis sont-ils composés ?

Réponse B.

Avec Hawaii et l'Alaska, le nombre d'États qui compose les États-Unis s'élève à 50. C'est pourquoi le drapeau des États-Unis comporte 50 étoiles. À ces 50 États s'ajoutent le district fédéral de Columbia et plusieurs possessions extérieures.

QUESTION N° 7

L'AMÉRIQUE LATINE

Dans lequel de ces pays la cordillère des Andes n'est-elle pas présente ?

Réponse B.

La chaîne de montagnes de la cordillère des Andes s'étire sur 8 000 km de long, en bordure de la côte pacifique. Les pays andins sont, du nord au sud : le Venezuela, la Colombie, l'Équateur, le Pérou, la Bolivie, le Chili et l'Argentine. Le Paraguay n'en est donc pas.

QUESTION N° 8

L'AFRIQUE

Le Lesotho est un État complètement enclavé dans l'Afrique du Sud.

Vrai.

Le tout petit royaume du Lesotho, d'une superficie de 30 355 km^2, est totalement enclavé dans l'Afrique du Sud, où travaillent nombre de ses ressortissants.

QUESTION N°9

LES DISTANCES ET SUPERFICIES

Quel est approximativement le diamètre équatorial de la Terre ?

Réponse A.

Le diamètre équatorial de notre planète mesure approximativement 12 756 km. On précise le diamètre équatorial, car la Terre n'étant pas parfaitement ronde mais légèrement aplatie, le diamètre polaire est de 12 713 km environ.

QUESTION N° 10

LES COURS D'EAU

Le Saint-Laurent passe à Québec.

Vrai.

Le Saint-Laurent, grand fleuve d'Amérique du Nord, passe à Montréal, puis à Québec, avant de s'ouvrir en un large estuaire.

QUESTION N° 11

LES MERS ET LES OCÉANS

Quelle mer intérieure est menacée d'assèchement en raison des ponctions réalisées pour l'irrigation ?

Réponse A.

La mer (ou lac) d'Aral, en Asie, entourée par le Kazakhstan et l'Ouzbékistan, est menacée d'assèchement en raison des ponctions trop importantes réalisées pour l'irrigation, que ne peuvent compenser les apports du Syr-Daria et de l'Amou-Daria. En 40 ans, sa superficie a déjà diminué de moitié.

QUESTION N° 12

LES ÎLES ET LES ARCHIPELS

Laquelle de ces îles ne fait pas partie de l'archipel des Baléares ?

Réponse C.

L'archipel espagnol des Baléares, en Méditerranée, est composé de cinq îles principales : Majorque, la plus grande, où se situe la capitale Palma de Majorque, Minorque, Ibiza, Formentera et Cabrera. Corfou est une île grecque qui se trouve dans la mer Ionienne.

QUESTION N° 13

LE RELIEF

Quelle chaîne de montagnes russe marque une frontière naturelle entre l'Europe et l'Asie ?

Réponse A.

La chaîne de l'Oural, qui s'étend de la mer Caspienne à l'océan Arctique, forme une frontière naturelle entre l'Europe et l'Asie. Le Caucase est situé beaucoup plus au sud, entre la mer Noire et la mer Caspienne. La chaîne de l'Altaï marque elle aussi une frontière naturelle mais cette fois entre la Russie et la Mongolie, puis, plus à l'est, entre la Russie et la Chine.

QUESTION N° 14

LE CLIMAT

La jungle est un type de végétation que l'on rencontre dans les pays de mousson.

Vrai.

La jungle, qui consiste en une végétation arborée luxuriante, se développe dans les pays de mousson, comme l'Inde.

QUESTION N° 15

LA TERRE ET L'ESPACE

Quelle planète surnomme-t-on la « planète rouge » ?

Réponse C.

La planète Mars est surnommée la « planète rouge » en raison de la forte présence d'oxyde de fer sur sa surface rocailleuse, ce qui lui donne une couleur rougeâtre.

QUESTION N° 16

LES CAPITALES DU MONDE

Lequel de ces pays possède une capitale qui ne porte pas le même nom que celui du pays ?

Réponse D.

Koweït, Panamá et Luxembourg, chacun de ces trois noms est à la fois celui d'un pays et de sa capitale. Il s'agit de trois tout petits États, dont la population et l'activité économique sont concentrées dans la capitale et ville principale.

QUESTION N° 17

LES VILLES DE FRANCE

Quel est le nom des habitants du Puy-en-Velay ?

Réponse B.

Les habitants du Puy-en-Velay se nomment les Ponots.

QUESTION N° 18

LES DÉPARTEMENTS DE FRANCE

Dans cette série, tous les départements, sauf un, appartiennent à la même région. Trouvez de quelle région il s'agit, trouvez le département intrus et dites dans quelle région il se trouve.

La Dordogne, la Gironde et les Landes sont trois des cinq départements d'Aquitaine (les autres sont le Lot-et-Garonne et les Pyrénées-Atlantiques).

Le Tarn se trouve dans le Midi-Pyrénées.

QUESTION N° 19

LES DÉPARTEMENTS DE FRANCE

Le plus petit département de France est le Territoire de Belfort.

Faux.

Avec ses 609 km^2, le Territoire de Belfort est loin d'être le plus petit de France. Quatre départements d'Île-de-France arrivent avant lui dans le classement : le Val-de-Marne (244 km^2), la Seine-Saint-Denis (236 km^2), les Hauts-de-Seine (176 km^2) et surtout Paris, à la fois ville et département (105 km^2) !

QUESTION N° 20

LA FRANCE DES DOM-TOM

Laqelle de ces deux îles est la plus peuplée : la Martinique ou la Guadeloupe ?

La Guadeloupe, avec plus de 402 000 habitants, est plus peuplée que la Martinique, qui en compte moins de 399 000 (Insee 2008).

QUESTION N°21

LES VILLES D'EUROPE

Dans quelle ville se trouve le port le plus important d'Europe ?

Réponse B.

La situation exceptionnelle de Rotterdam, aux Pays-Bas, située sur la Nouvelle Meuse, branche la plus au nord du delta commun au Rhin et à la Meuse, en fait non seulement le premier port d'Europe mais le troisième du monde !

QUESTION N°22

L'UNION EUROPÉENNE

Trouvez le pays émetteur de chacune de ces six pièces de 1 euro, dont la face nationale vous est présentée.

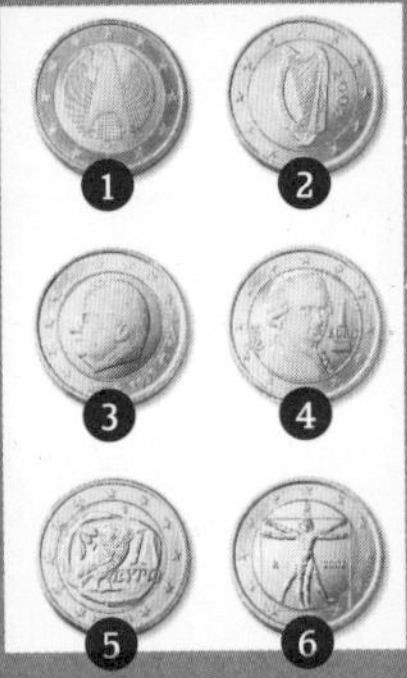

1. **Allemagne** (aigle allemand)
2. **Irlande** (harpe celtique)
3. **Belgique** (roi Albert II)
4. **Autriche** (Mozart)
5. **Grèce** (chouette d'Athènes, présente sur la pièce antique de 4 drachmes)
6. **Italie** (*L'Homme de Vitruve* de Léonard de Vinci)

QUESTION N° 23

L'ASIE

Associez chaque pays d'Asie à sa capitale.

- **Cambodge : Phnom Penh**
- **Pakistan : Islamabad**
- **Laos : Vientiane**
- **Malaisie : Kuala Lumpur**
- **Mongolie : Oulan-Bator**

QUESTION N° 24

L'AMÉRIQUE LATINE

Associez chaque ville au pays d'Amérique latine où elle est située.

- **Rio de Janeiro : Brésil**
- **Cuzco : Pérou**
- **Acapulco : Mexique**
- **Guantánamo : Cuba**
- **Managua : Nicaragua**

QUESTION N°25

L'AFRIQUE

Associez chaque ville au pays d'Afrique où elle est située.

- **Oran : Algérie**
- **Abidjan : Côte-d'Ivoire**
- **Assouan : Égypte**
- **Johannesburg : Afrique du Sud**
- **Tombouctou : Mali**

QUESTION N°26

LES DISTANCES ET SUPERFICIES

Quels sont les deux pays les plus éloignés l'un de l'autre ?

Réponse C.

La Russie et les États-Unis ne sont distants que de 90 km environ. C'est la largeur du détroit de Béring qui sépare la Sibérie du 49e État des États-Unis : l'Alaska. Les deux pays les plus éloignés sont l'Italie et l'Australie : 13 146 km séparent Naples de Perth. Par ailleurs, la distance entre Toronto et Buenos Aires est de 8 945 km.

QUESTION N° 27

LES COURS D'EAU

L'Indus est un fleuve qui naît et s'écoule uniquement en Inde.

Faux.

L'Indus naît au Tibet, en Chine. Il passe tout à fait au nord de l'Inde, dans la région du Cachemire, mais s'écoule pour sa majeure partie au Pakistan, où se trouve son delta.

QUESTION N° 28

LES MERS ET LES OCÉANS

Laquelle de ces mers se situe dans l'hémisphère Sud ?

Réponse A.

La mer de Corail, dans le Pacifique, se situe entre la Nouvelle-Calédonie et le Vanuatu, à l'est, et l'Australie, à l'ouest, donc dans l'hémisphère Sud. Les deux autres mers se situent dans l'hémisphère Nord, la mer des Antilles (ou mer des Caraïbes) est limitée par l'Amérique centrale et l'arc antillais ; la mer Ionienne sépare l'Italie et la Grèce.

QUESTION N° 29

LES MERS ET LES OCÉANS

Trouvez la mer à laquelle correspond chaque fond de carte.

Mer Méditerranée

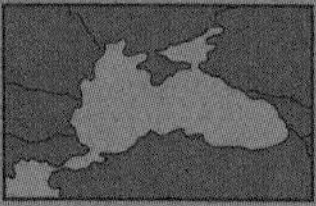

Mer Noire

Mer du Nord

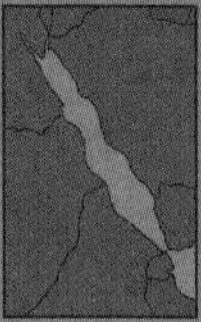

Mer Rouge

QUESTION N° 30

LES ÎLES ET LES ARCHIPELS

Quelle est la plus grande île de la planète ?

Réponse B.

La plus grande île de la planète est l'Australie, avec une superficie de 7 682 000 km², soit quinze fois celle de la France ! Le Groenland ne peut lutter avec ses 2 186 000 km². D'une superficie de 13 000 000 km², l'Antarctique ne peut être pris en compte dans le classement ; il est en effet considéré comme un continent.

QUESTION N° 31

LE RELIEF

Quel est le point culminant d'Afrique du Nord ?

Réponse C.

Le point culminant d'Afrique du Nord est le djebel Toubkal, dans le Haut Atlas marocain, qui s'élève à 4 165 m. Le mont Ararat est un massif volcanique situé en Turquie orientale. Quant à l'Elbrouz, il s'agit d'un volcan éteint de Russie, point culminant de la chaîne du Caucase.

QUESTION N° 32

LA TERRE ET L'ESPACE

Quelle planète est considérée comme la jumelle de la Terre en raison de sa taille et de sa densité ?

Réponse B.

Vénus est souvent considérée comme la jumelle de la Terre, en raison de son diamètre (12 102 km, soit 0,95 fois celui de la Terre), de sa densité (5,26 contre 5,52 pour la Terre) et de son âge (elles sont nées en même temps). Mais les ressemblances s'arrêtent là : la température à la surface de Vénus est de 470 °C et elle est entourée de gaz carbonique, autant dire que toute vie y est radicalement impossible.

QUESTION N° 33

LES CAPITALES DU MONDE

Laquelle de ces capitales est la plus ancienne ?

Réponse C.

Brasilia est devenue la capitale du Brésil en 1960, succédant à Rio de Janeiro. Washington fut créée à la fin du XVIIIe siècle, avant de devenir capitale des États-Unis en 1800. Copenhague est la capitale du Danemark depuis 1443.

QUESTION N° 34

LES VILLES DU MONDE

Dans cette série, toutes les villes sauf une se trouvent dans le même pays. Trouvez de quel pays il s'agit, indiquez la ville intruse et dites dans quel pays elle se situe.

Corinthe, Sparte et Rhodes sont trois villes grecques, dont la fondation remonte à l'Antiquité.
Izmir (l'ancienne Smyrne) est un port de Turquie, situé sur la mer Égée.

QUESTION N° 35

LES DRAPEAUX

Dans cette série, tous les pays sauf un possèdent un drapeau avec les mêmes couleurs. Trouvez quelles sont ces couleurs, déterminez le pays intrus et indiquez ses couleurs.

Les drapeaux du Canada, de la Suisse et du Japon sont tous trois composés des couleurs rouge et blanc. Le drapeau du Maroc est constitué d'une étoile verte sur un fond rouge.

QUESTION N° 36

LES INSTITUTIONS

Trouvez, parmi les trois propositions, la signification du sigle OMPI.

Réponse A.

Le sigle OMPI signifie Organisation mondiale de la propriété intellectuelle. Cette institution spécialisée des Nations unies a été créée en 1967 pour protéger la propriété intellectuelle.

QUESTION N° 37

LES COURS D'EAU DE FRANCE

Associez chaque ville de France à la rivière ou au fleuve qui l'arrose.

- Mâcon : **Saône**
- Tours : **Cher**
- Grenoble : **Isère**
- Metz : **Moselle**
- Limoges : **Vienne**
- Vichy : **Allier**
- Verdun : **Meuse**
- Cavaillon : **Durance**
- Angoulême : **Charente**
- Le Mans : **Sarthe**

QUESTION N° 38

LES COURS D'EAU DE FRANCE

Classez ces vingt-cinq noms suivant les catégories ci-dessous.

- Affluents de la Seine : **Essonne, Loing, Marne, Oise, Yonne**
- Affluents de la Loire : **Allier, Cher, Indre, Nièvre, Vienne**

- **Affluents de la Garonne** : Ariège, Dordogne, Gers, Lot, Tarn
- **Affluents du Rhône** : Ain, Ardèche, Gard, Isère, Saône
- **Fleuves** : Aude, Charente, Hérault, Meuse, Rhin

QUESTION N° 39

LES RÉGIONS DE FRANCE

Associez chaque région à son chef-lieu.

- **Centre** : Orléans
- **Île-de-France** : Paris.
- **Franche-Comté** : Besançon.
- **Basse-Normandie** : Caen.
- **Auvergne** : Clermont-Ferrand.
- **Alsace** : Strasbourg.
- **Bourgogne** : Dijon.
- **Corse** : Ajaccio.
- **Haute-Normandie** : Rouen.
- **Bretagne** : Rennes.
- **Aquitaine** : Bordeaux.
- **Champagne-Ardenne** : Châlons-en-Champagne.

QUESTION N°40

LES RÉGIONS DE FRANCE

Donnez le nom des cinq régions de France qui apparaissent en grisé sur cette carte.

1. **Haute-Normandie**
2. **Champagne-Ardenne**
3. **Pays de la loire**
4. **Auvergne**
5. **Aquitaine**

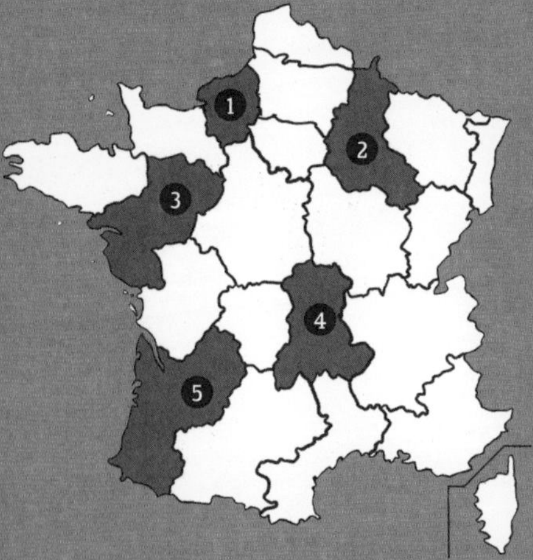

QUESTION N° 41

LES VILLES D'EUROPE

Classez ces douze villes d'Europe d'est en ouest.

1. **Bucarest** (26°06' de longitude est)
2. **Athènes** (23°43' de longitude est)
3. **Budapest** (19°05' de longitude est)
4. **Stockholm** (18°03' de longitude est)
5. **Vienne** (16°22' de longitude est)
6. **Prague** (14°26' de longitude est)
7. **Berlin** (13°24' de longitude est)
8. **Rome** (12°29' de longitude est)
9. **Amsterdam** (04°54' de longitude est)
10. **Bruxelles** (04°20' de longitude est)
11. **Paris** (02°20' de longitude est)
12. **Londres** (00°10' de longitude ouest)

QUESTION N°42

LES PAYS D'EUROPE

Trouvez le nom du pays auquel correspond chaque fond de carte.

1 Allemagne

2 Danemark

3 Grèce

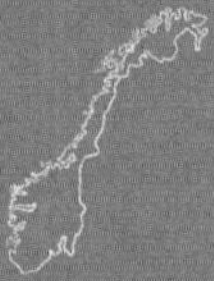

4 Norvège

QUESTION N°43

L'ASIE

Classez ces cinq pays d'Asie du plus grand au plus petit.

1. **Kazakhstan (2 717 300 km^2)**
2. **Mongolie (1 565 000 km^2)**
3. **Pakistan (803 000 km^2)**
4. **Bangladesh (143 000 km^2)**
5. **Népal (140 800 km^2)**

QUESTION N° 44

L'AMÉRIQUE DU NORD

Dix États des États-Unis apparaissent en grisé sur cette carte. Trouvez le nom de chacun d'eux.

1. Californie
2. Nevada
3. Colorado
4. Nouveau-Mexique
5. Texas
7. Floride
8. Caroline du Nord
9. New Jersey
10. Minnesota

QUESTION N°45

LES DISTANCES ET SUPERFICIES

Classez ces douze pays du monde du plus petit au plus grand.

1. Luxembourg (2 586 km^2)
2. Jamaïque (11 425 km^2)
3. Taiwan (36 000 km^2)
4. Togo (56 600 km^2)
5. France (549 000 km^2)
6. Turquie (780 000 km^2)
7. Arabie saoudite (2 150 000 km^2)
8. Algérie (2 380 000 km^2)
9. Inde (3 268 000 km^2)
10. Australie (7 682 000 km^{2}2)
11. Brésil (8 512 000 km^2)
12. États-Unis (9 364 000 km^2)

QUESTION N°46

LES COURS D'EAU

Replacez correctement les noms des cours d'eau suivants sur cette carte de l'Europe.

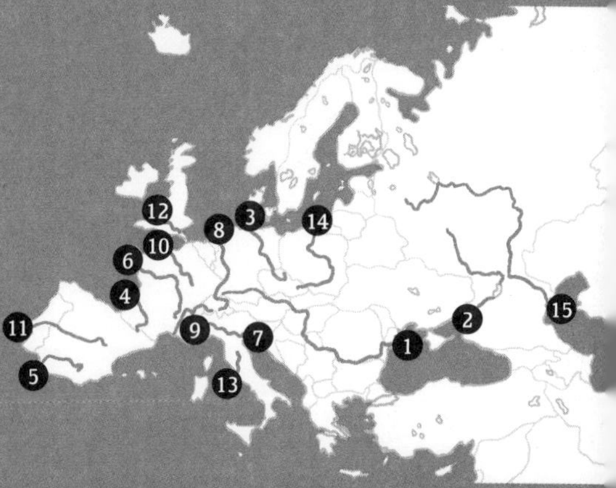

1. Danube 2. Don 3. Elbe 4. Garonne 5. Guadalquivir 6. Loire 7. Pô 8. Rhin 9. Rhône 10. Seine 11. Tage 12. Tamise 13. Tibre 14. Vistule 15. Volga

QUESTION N°47

LES ÎLES ET LES ARCHIPELS

Associez chaque île au pays auquel elle appartient ou dont elle dépend.
Attention, dans la liste se trouvent deux îles qui sont des États indépendants.

- **Île de Pâques**: **Chili**
- **Sainte-Hélène**: **Grande-Bretagne**
- **Tahiti**: **France**
- **Porto Rico**: **États-Unis**
- **Java**: **Indonésie**
- **Groenland**: **Danemark**
- **Hongkong**: **Chine**
- **Île Maurice**: **État indépendant**
- **Tasmanie**: **Australie**
- **Crète**: **Grèce**
- **Zanzibar**: **Tanzanie**
- **Sicile**: **Italie**
- **Galápagos**: **Équateur**
- **Tenerife (Canaries)**: **Espagne**
- **Haïti**: **État indépendant**

QUESTION N° 48

LE RELIEF

Classez ces vingt-cinq noms par catégories.

- **Sommets** : Annapurna, Cervin, Everest, McKinley, Vignemale
- **Chaînes de montagnes** : Andes, Appalaches, Carpates, Caucase, Rocheuses
- **Volcans** : Etna, montagne Pelée, Soufrière, Stromboli, Vésuve
- **Déserts** : Gobi, Kalahari, Sahara, Sahel, Thar
- **Détroits** : Béring, Bosphore, Dardanelles, Gibraltar, Magellan

QUESTION N° 49

LE CLIMAT

Associez chaque pays ou région du monde à son climat dominant.

- **Amazonie** : équatorial
- **Venezuela** : tropical humide
- **Groenland** : polaire
- **Maroc** : méditerranéen

- Roumanie : continental
- Royaume-Uni : océanique
- Arabie saoudite : désertique
- Sibérie orientale : polaire
- Guyana : équatorial
- Mongolie : continental
- Californie : méditerranéen
- Nouvelle-Zélande : océanique
- Tchad : désertique

QUESTION N° 50

LA TERRE ET L'ESPACE

Classez les huit planètes du système solaire de la plus proche à la plus éloignée du Soleil.

La distance par rapport au Soleil est indiquée entre parenthèses. Elle est exprimée en millions de kilomètres.

1. Mercure (58)
2. Vénus (108)
3. Terre (150)
4. Mars (228)
5. Jupiter (778)
6. Saturne (1 429)
7. Uranus (2 871)
8. Neptune (4 504)

Voici un moyen mnémotechnique pour se rappeler l'ordre des planètes du système solaire :
Mon vieux, tu me jettes sur une nouvelle planète.
Il suffit de retenir la première lettre de chaque mot de la phrase pour retrouver facilement l'ordre des planètes !

QUESTION N° 51

LES CAPITALES DU MONDE

Associez chaque ville au pays dont elle est la capitale.

- **Conakry : Guinée**
- **Téhéran : Iran**
- **Jakarta : Indonésie**
- **New Delhi : Inde**
- **Reykjavík : Islande**
- **Bratislava : Slovaquie**
- **Caracas : Venezuela**
- **Damas : Syrie**
- **San Salvador : Salvador**
- **Manille : Philippines**
- **Ankara : Turquie**
- **Quito : Équateur**
- **Addis-Abeba : Éthiopie**
- **Ottawa : Canada**
- **Berne : Suisse**

QUESTION N° 52

LES LANGUES

Associez chaque pays ou région du monde à l'une de ses langues officielles.

- Autriche : **allemand**
- Brésil : **portugais**
- Chine : **mandarin**
- Soudan : **arabe**
- Kenya : **swahili**
- Inde : **hindi**
- Côte d'Ivoire : **français**
- Cambodge : **khmer**
- Afrique du Sud : **afrikaans**
- Pérou : **espagnol**
- Andorre : **catalan**
- Groenland : **danois**
- Sri Lanka : **cinghalais**
- Finlande : **suédois**
- Chypre : **grec**

ARTS

QUESTION N° 1

L'HISTOIRE DES ARTS

Trouvez l'intrus dans cette série et justifiez votre réponse.

L'intrus est le sphinx, seule œuvre d'art dont le sujet ne soit pas religieux. Les pietà, comme les madones, sont des représentations de la Vierge, les icônes sont des images sacrées chez les orthodoxes.

QUESTION N° 2

LES MUSÉES

Le British Museum de Londres possède une importante collection sur l'Égypte ancienne.

Vrai.

Le British Museum possède l'une des plus importantes collections du monde d'objets de l'Antiquité égyptienne. La célèbre pierre de Rosette, qui permit le déchiffrement des hiéroglyphes, y est notamment exposée.

QUESTION N° 3

LES ARTS PLASTIQUES

Qu'appelle-t-on une vanité ?

Réponse A.

Une vanité est une peinture de petit format, à la mode au XVIe siècle, destinée à évoquer la futilité de la vie terrestre et la condition mortelle de l'homme. Construite à la manière d'une nature morte, elle représente souvent un crâne humain et différents objets symbolisant le caractère éphémère des choses (bulles de savon) ou la fuite du temps (sablier).

QUESTION N° 4

LES PEINTRES CÉLÈBRES

Quelle était la nationalité de Rembrandt ?

Réponse C.

Rembrandt Harmenszoon Van Rijn, heureusement dit Rembrandt, était un peintre et graveur hollandais, né à Leyde en 1606 et mort à Amsterdam en 1669. Il passa toute sa carrière et toute sa vie dans son pays natal, mais son œuvre s'inscrivit au moins au début dans la lignée de la peinture italienne du Caravage.

QUESTION N° 5

LES TABLEAUX CÉLÈBRES

Dans cette série, tous les tableaux sauf un sont l'œuvre du même artiste. Trouvez de quel artiste il s'agit, identifiez le tableau intrus et dites quel est son auteur.

***Autoportrait mou avec lard grillé*, *Persistance de la mémoire* et *Galatée aux sphères* sont trois œuvres de l'Espagnol Salvador Dalí.**

***Les Demoiselles d'Avignon*, peint par Pablo Picasso, est considéré comme le premier tableau cubiste.**

QUESTION N° 6

LA RENAISSANCE ITALIENNE

En plus de mon œuvre picturale et sculptée, je suis l'auteur d'environ trois cents poèmes lyriques. Qui suis-je ?

Michel-Ange.

Sculpteur, peintre et architecte de génie, Michel-Ange était aussi un poète lyrique de talent. Ses *Rimes* sont une des plus célèbres œuvres de son temps.

QUESTION N° 7

LES IMPRESSIONNISTES

Trouvez le nom de ce peintre impressionniste grâce aux indices dont vous disposez.

Pont-Aven + Polynésie = Paul Gauguin

Paul Gauguin ne suivit que quelques années le courant impressionniste, avant de s'installer à Pont-Aven, en Bretagne, où il mit au point la théorie nouvelle du synthétisme. En 1891, il quitte la métropole pour la Polynésie française, s'installant d'abord à Tahiti avant de s'établir définitivement aux Marquises.

QUESTION N° 8

LA SCULPTURE

Quelle était la particularité des *Colosses de Memnon* sculptés à l'entrée du temple d'Aménophis III à Thèbes ?

Réponse C.

L'un des deux gigantesques *Colosses de Memnon* représentant Aménophis III et bâtis à l'entrée du temple funéraire du pharaon, à Thèbes, se retrouva fissuré en l'an 27 avant J.-C. à la suite d'une secousse tellurique. Sous l'effet du vent ou de la chaleur, la statue émettait une sorte de sifflement au lever du soleil, appelé le « chant de Memnon ».

QUESTION N° 9

LES SEPT MERVEILLES DU MONDE ANTIQUE

En quoi était faite la Première Merveille du monde, c'est-à-dire la statue de Zeus, à Olympie ?

Réponse C.

La statue de Zeus qui ornait le temple d'Olympie était faite d'or et d'ivoire. C'était l'œuvre du sculpteur grec Phidias, à qui l'on devait déjà la décoration du Parthénon à Athènes. Cette statue, haute de 18 m en comptant le socle, représentait le roi des dieux de l'Olympe assis sur son trône. Déplacée à Constantinople, elle fut détruite lors d'un incendie.

QUESTION N° 10

L'ARCHITECTURE MILITAIRE

Les hourds et les mâchicoulis avaient la même fonction.

Vrai.

Les hourds, constructions en bois, et les mâchicoulis, encorbellements en pierre, étaient installés en haut des tours ou des enceintes pour jeter des projectiles sur les assaillants.

QUESTION N° 11

L'ARCHITECTURE

Qu'est-ce qu'un belvédère ?

Réponse A.

Un belvédère est un pavillon construit au sommet d'un édifice ou sur une colline, d'où l'on peut admirer la vue. À la demande de Marie-Antoinette, un petit belvédère hexagonal fut construit au cœur des jardins de Trianon, à Versailles.
La logette construite en saillie sur une façade pour en renforcer la protection s'appelle une « bretèche ».

QUESTION N° 12

LES INSTRUMENTS DE MUSIQUE

Quel est le plus grave des instruments de la famille du violon ?

Réponse C.

L'instrument de la famille du violon dont la sonorité est la plus grave est la contrebasse.
C'est aussi le plus grand.
L'alto, plus grand que le violon, s'accorde une quinte en dessous de lui. La sonorité du violoncelle est comparable à celle du violon, mais l'instrument est beaucoup plus grand.

QUESTION N° 13

LES ŒUVRES MUSICALES CÉLÈBRES

L'opéra *Aïda* raconte l'histoire d'amour impossible entre une favorite du sultan et un eunuque.

Faux.

Dans son opéra *Aïda*, composé en 1871, Verdi raconte l'histoire d'amour tragique entre le général égyptien Radamès et Aïda, une prisonnière.

QUESTION N° 14

LE SOLFÈGE ET LA TECHNIQUE MUSICALE

Associez chaque nom à un symbole musical.

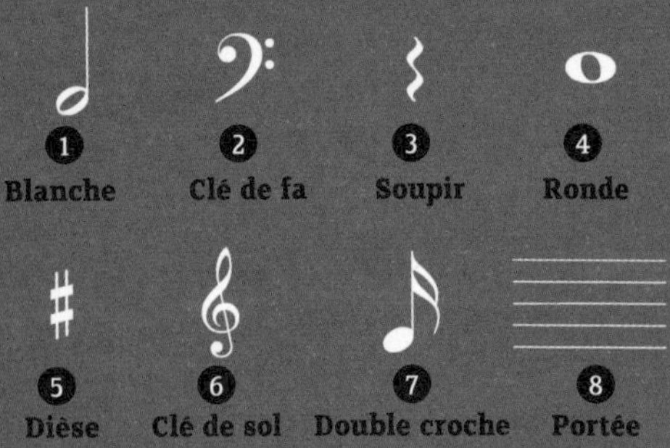

QUESTION N° 15

LA PHOTOGRAPHIE

Quelle marque américaine a mis au point l'appareil photographique à développement instantané ?

Réponse A.

C'est à la marque américaine Polaroid que l'on doit l'appareil photographique à développement instantané. Tout commence en 1929 lorsqu'Edwin Land commercialise le premier polarisateur au sein de son groupe Polaroid Corporation. Il faudra toutefois attendre 1961 pour voir apparaître le premier appareil, destiné aux professionnels, capable de développer un négatif et de produire une impression papier en 20 secondes.

QUESTION N° 16

LE CINÉMA

Dans lequel de ces films de Luc Besson Jean Reno ne joue-t-il pas ?

Réponse C.

Jean Reno est en quelque sorte l'acteur fétiche de Luc Besson. Il a joué dans plusieurs de ses films comme *Subway*, où il campe un batteur que Christophe Lambert recrute pour son groupe de musique, ou *Le Grand Bleu*, dans lequel il incarne Enzo Molinari, le rival de Jacques Mayol. Toutefois, il n'a pas participé à *Jeanne d'Arc* qui réunit une pléiade d'acteurs internationaux comme John Malkovich ou Tchéky Karyo.

QUESTION N° 17

L'HISTOIRE DES ARTS

Trouvez l'intrus dans chaque série et justifiez votre choix.

1. L'intrus est le musée Guimet, le seul parmi les quatre qui ne soit pas un musée de peinture. Ce musée parisien est consacré aux civilisations orientales et asiatiques.

2. L'intrus est le palais des Doges, qui est le seul monument italien médiéval parmi trois monuments antiques. C'est aussi le seul qui se trouve à Venise, tandis que les autres se trouvent à Rome.

QUESTION N° 18

LES CRITIQUES

Quel philosophe explique, dans son ouvrage intitulé *Esthétique*, que l'œuvre d'art est supérieure à la beauté naturelle ?

Réponse B.

Le philosophe allemand Georg Wilhem Hegel a exposé ses réflexions sur l'art dans un recueil intitulé *Esthétique*. Pour lui, l'œuvre d'art est supérieure à la beauté naturelle car elle est produite par l'esprit. Par ailleurs, l'œuvre d'art ne doit pas imiter la nature car, cette imitation étant forcément imparfaite, elle devient alors médiocre.

QUESTION N° 19

LES MUSÉES

Le musée d'Orsay est celui qui possède la plus importante collection d'œuvres de Joseph Turner.

Faux.

Le musée qui possède la plus importante collection d'œuvres et de travaux du peintre anglais Joseph Turner est la Tate Gallery de Londres. Une autre partie de ce musée, qui fait la part belle aux artistes britanniques, est consacrée à l'art moderne.

QUESTION N° 20

LES COURANTS ARTISTIQUES

Quelle école picturale regroupait un certain nombre de peintres maniéristes ?

Réponse B.

L'école de Fontainebleau regroupe de nombreux artistes maniéristes, comme Le Primatice, Antoine Caron ou Pierre Bontemps, qui ont participé à la décoration du château de Fontainebleau. Les artistes de l'école de Barbizon étaient des précurseurs de l'impressionnisme, ceux de Pont-Aven furent à l'origine du synthétisme.

QUESTION N° 21

L'ARCHITECTURE

Certains obélisques ont une base hexagonale.

Faux.

Les obélisques sont des monolithes surmontés d'une pyramide dorée. Ils sont toujours conçus sur une base carrée, suivant un plan quadrangulaire.

QUESTION N° 22

LES PEINTRES CÉLÈBRES

Reconstituez les noms de quinze peintres célèbres avec les syllabes mélangées dans cette grille.

1. **BACON** Francis, peintre britannique (1909–1992)
2. **CÉZANNE** Paul, peintre français (1839–1906)
3. **FRAGONARD** Jean Honoré, peintre français (1732–1806)
4. **GÉRICAULT** Théodore, peintre français (1791–1824)
5. **GIACOMETTI** Alberto, peintre suisse (1901–1966)
6. **MAGRITTE** René, peintre belge (1898–1967)
7. **MICHAUX** Henri, peintre français (1899–1984)
8. **PICASSO** Pablo, peintre espagnol (1881–1973)
9. **POUSSIN** Nicolas, peintre français (1594–1665)
10. **RENOIR** Auguste, peintre français (1841–1919)

11. **RIVERA Diego**, peintre mexicain (1886–1957)

12. **TITIEN**, peintre italien (1490–1576)

13. **TURNER Joseph**, peintre britannique (1775–1851)

14. **VERMEER Johannes**, peintre néerlandais (1632–1675)

15. **VÉRONÈSE Paolo**, peintre italien (1528–1588)

QUESTION N° 23

LES PEINTRES CÉLÈBRES

Associez chaque peintre à son pays d'origine.

- **Fra Angelico** : **Italie**
- **Jérôme Bosch** : **Hollande**
- **Francisco de Goya** : **Espagne**
- **Edvard Munch** : **Norvège**
- **Henri (le douanier) Rousseau** : **France**

QUESTION N° 24

LES TABLEAUX CÉLÈBRES

Dans chaque série, tous les tableaux sauf un sont l'œuvre du même artiste. Trouvez de quel artiste il s'agit, identifiez le tableau intrus et dites quel est son auteur.

1. *Nuit étoilée, Cyprès* et *Autoportrait à l'oreille coupée* sont trois œuvres de Vincent Van Gogh. *Femmes de Tahiti* est dû à Paul Gauguin, qui séjourna un temps chez Van Gogh lorsque ce dernier résidait en Arles.

2. *Jane Avril dansant, La Toilette* et *La Goulue entrant au Moulin-Rouge* sont trois œuvres d'Henri de Toulouse-Lautrec, célèbre pour ses scènes de cabarets et ses portraits de femmes. *La Montagne Sainte-Victoire* est une série de Paul Cézanne.

QUESTION N° 25

LES TABLEAUX CÉLÈBRES

Quelle œuvre de Jean-François Millet a été « revisitée » par Salvador Dalí ?

Réponse C.

L'Angélus, peint par Jean-François Millet en 1858-1859, a été revisité par Salvador Dalí dans plusieurs œuvres : *L'Angélus architectonique de Millet* (1933), *Atavisme du crépuscule* (1933) et *Réminiscence archéologique de l'angélus de Millet* (1935).

QUESTION N° 26

LA RENAISSANCE ITALIENNE

Giotto di Bondone est l'un des derniers peintres de la Renaissance.

Faux.

Giotto di Bondone, né vers 1266 et mort en 1337, est l'un des précurseurs de la Renaissance qu'il annonce grâce aux couleurs, au réalisme et aux essais de perspectives de ses œuvres.

QUESTION N° 27

LA PEINTURE DU XXᵉ SIÈCLE

Associez chaque œuvre à un peintre du XXᵉ siècle.

- ***Le Torero hallucinogène***: **Salvador Dalí**
- ***Le Baiser***: **Gustav Klimt**
- ***Cariatide***: **Amadeo Modigliani**
- ***Marilyn Monroe***: **Andy Warhol**
- ***L'Homme au chapeau melon***: **René Magritte**
- ***Le Cri***: **Edvard Munch**

QUESTION N°28

LA PEINTURE DU XXe SIÈCLE

Pablo Picasso ou Salvador Dalí ?
Trouvez auquel de ces deux artistes se rapporte chaque affirmation.

1. Dalí
Dalí est né le 11 mai 1904 en Espagne, dans la ville de Figueras. Il y mourut quatre-vingt-cinq ans plus tard. Picasso est né à Málaga le 25 octobre 1881.

2. Dalí
Cette célèbre phrase est due à Dalí. Elle est extraite d'une interview lors de laquelle l'artiste exposa sa méthode « paranoïaque-critique ».

3. Dalí... et Picasso
Les deux artistes ont fréquenté une école des beaux-arts, celle de Barcelone pour Picasso, en 1895, l'académie San Fernando, à Madrid, pour Dalí, en 1921.

QUESTION N° 29

LA SCULPTURE

Combien le groupe *Les Bourgeois de Calais*, d'Auguste Rodin, comporte-t-il de personnages ?

Réponse C.

Les Bourgeois de Calais (1885) est une commande de la ville de Calais à Auguste Rodin. Il s'agissait de rendre hommage aux six Calaisiens qui sacrifièrent leur vie en s'offrant comme otages au roi d'Angleterre en 1347, pour sauver leur ville assiégée. Ce célèbre bronze est exposé au musée Rodin, à Paris, mais il en existe une autre version sur la place de l'hôtel de ville de Calais.

QUESTION N° 30

L'ARCHITECTURE RELIGIEUSE

Comment appelle-t-on la partie triangulaire sculptée au-dessus des portails des églises ?

Réponse C.

La partie triangulaire sculptée au-dessus des portails des églises est le tympan. Dans cet espace souvent semi-circulaire sont sculptées une ou plusieurs scènes religieuses, comme l'Ascension ou le Jugement dernier. Le Christ occupe la plupart du temps la place centrale de la scène.

QUESTION N° 31

L'ARCHITECTURE RELIGIEUSE

Placez correctement chaque nom de la liste ci-dessous sur ce plan d'église gothique.

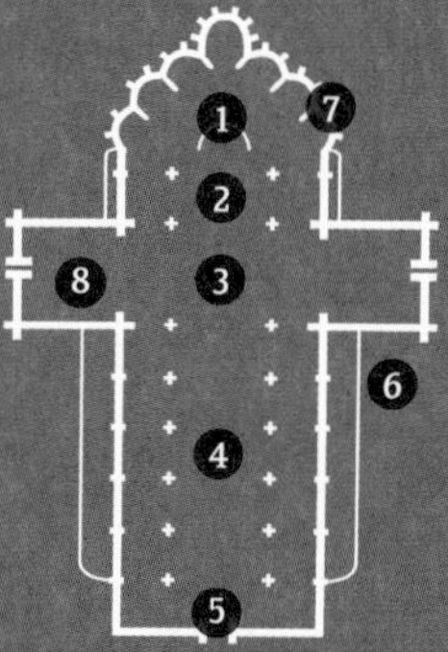

1. Abside
2. Chœur
3. Croisée du transept
4. Nef centrale
5. Portail
6. Bas-côté
7. Déambulatoire
8. Bras du transept

QUESTION N° 32

LES CHÂTEAUX DE LA LOIRE

Trouvez le nom de deux châteaux de la Loire grâce aux indices dont vous disposez.

1. Villandry

Le château de Villandry est particulièrement réputé pour ses jardins : jardin d'eau, jardin d'ornement et surtout jardin botanique reconstitué tel qu'il était à la Renaissance. Colombiers est le nom que portait le village de Villandry jusqu'en 1639.

2. Amboise

Le château d'Amboise, construit au début du XVIe siècle sur une butte surplombant la Loire, fut à certaines époques utilisé comme prison d'État. Fouquet et Lauzun y furent enfermés. En 1560, le château fut le lieu d'une conjuration qui devait échouer, fomentée par Condé et les protestants.

QUESTION N° 33

LES INSTRUMENTS DE MUSIQUE

Classez ces vingt-cinq noms d'instruments de musique par famille.

- **Cuivres : clairon, cor d'harmonie, trombone, trompette, tuba**
- **Bois : basson, clarinette, contrebasson, flûte, hautbois**
- **Percussions : bongo, cymbale, grosse caisse, timbale, xylophone**
- **Cordes pincées : banjo, guitare, harpe, luth, mandoline**
- **Cordes frottées : alto, contrebasse, viole de gambe, violon, violoncelle**

Les bois et les cuivres sont regroupés dans la grande famille des instruments à vent. Certains instruments à vent ne sont ni des bois ni des cuivres, comme la cornemuse ou l'harmonica. Les instruments à cordes sont divisés en trois sous-familles : les instruments à cordes pincées, à cordes frottées et à cordes frappées. Le piano appartient à cette dernière sous-catégorie.

QUESTION N° 34

LES COMPOSITEURS CÉLÈBRES

Associez chaque compositeur à son pays d'origine.

- **Giuseppe Verdi: Italie**
- **Richard Wagner: Allemagne**
- **Johann Strauss: Autriche**
- **Franz Liszt: Hongrie**
- **Charles Gounod: France**

QUESTION N° 35

LES COMPOSITEURS CÉLÈBRES

La *Marche funèbre* de Chopin aurait pu accompagner l'enterrement d'Hector Berlioz.

Vrai.

Frédéric Chopin a composé sa *Marche funèbre* en 1837. Cette composition aurait donc fort bien pu accompagner l'enterrement d'Hector Berlioz quelque trente ans plus tard.

QUESTION N° 36

LA DANSE

À quelle célèbre chorégraphe du XXᵉ siècle doit-on les créations *This*, *That* et *The others*?

Réponse C.

Ces trois créations, de 1977, sont parmi les plus connues de la chorégraphe américaine Carolyn Carlson. Elles ont été élaborées alors qu'elle était chorégraphe-étoile à l'opéra de Paris où elle dirigeait le groupe de recherche théâtral. En six ans, cette chorégraphe prolifique donna naissance à plus de vingt-cinq créations, tout en dispensant des cours d'improvisation et de composition, avant de quitter Paris pour Venise en 1980.

QUESTION N° 37

LES MUSÉES

Associez chaque œuvre d'art au lieu où elle est exposée.

- ***La Vénus de Milo*: musée du Louvre**
- ***Le Déjeuner sur l'herbe*: musée d'Orsay**
- ***Les Demoiselles d'Avignon*: musée d'art moderne de New York**
- ***La Naissance de Vénus*: galerie des Offices**

- *Le Baiser*: musée Rodin
- *Le Jugement dernier*: chapelle Sixtine
- *Guernica*: musée de la Reine Sofia
- *Les Époux Arnolfini*: National Gallery
- *La Dame à la licorne*: musée de Cluny
- *Buste du général Bonaparte*: musée de Malmaison

QUESTION N° 38

LES COURANTS ARTISTIQUES

Classez ces vingt-cinq noms d'artistes par courants artistiques.

- **Cubisme**: Juan Gris, Fernand Léger, Pablo Picasso
- **Romantisme**: Hector Berlioz, Frédéric Chopin, Eugène Delacroix
- **Symbolisme**: Paul Gauguin, Gustav Klimt, Gustave Moreau
- **Classicisme**: Charles Le Brun, Louis Le Vau, Nicolas Poussin
- **Art nouveau**: Émile Gallé, Hector Guimard, René Lalique

QUESTION N° 39

LES PEINTRES CÉLÈBRES

Classez ces dix peintres dans l'ordre chronologique de leur naissance.

1. **Jan Van Eyck (v. 1390–1441)**
2. **Léonard de Vinci (1452–1519)**
3. **Michel-Ange (1475–1564)**
4. **Eugène Delacroix (1798–1863)**
5. **Gustave Courbet (1819–1877)**
6. **Claude Monet (1840–1926)**
7. **Vincent Van Gogh (1853–1890)**
8. **Georges Braque (1882–1963)**
9. **Salvador Dalí (1904–1989)**
10. **Fernando Botero (né en 1932)**

QUESTION N° 40

VAN GOGH

Trouvez les cinq erreurs qui se sont glissées dans ce texte.

1. Vincent Van Gogh était bien le fils d'un pasteur protestant, cependant, il n'était pas allemand mais néerlandais. Van Gogh a fait ses débuts professionnels dans une galerie d'art à La Haye.

Quelques années plus tard, il suivit une formation théologique à Amsterdam.

2. Le frère de Vincent, de quatre ans son cadet, ne s'appelait pas Thomas mais Théodore, simplifié en Théo. C'était un marchand de tableaux qui soutint le talent de son frère pendant toute sa vie et lui apporta sans relâche son aide matérielle, Vincent ne pouvant pas vivre de son art. Les deux frères correspondirent régulièrement à partir de 1872.

3. Lorsque Van Gogh quitta Paris en 1888, il ne s'installa pas en Avignon mais en Arles, où il loua la « maison jaune », place Lamartine, une grande demeure où le peintre souhaitait accueillir des artistes. Van Gogh lui consacrera plusieurs dessins, ainsi qu'une toile et une aquarelle.

4. Après le départ de Gauguin, Van Gogh sombra dans l'angoisse et la dépression. Dans un accès de colère, le 23 décembre 1888, il se mutila en se tranchant le lobe de l'oreille droite. À la suite de cet événement, il peignit plusieurs autoportraits, dont *Autoportrait à l'oreille bandée* et *Autoportrait de janvier 1889 à la tête bandée.*

5. Le nom du docteur ami des peintres que Théo présente à son frère est « Gachet », non « Guichet ». Van Gogh lui offrit deux premières toiles, avant de peindre son portrait et celui de sa fille Marguerite qu'il a peut-être fréquentée. Le Dr Gachet soignera la blessure par balle de Van Gogh mais ne pourra empêcher le peintre d'en succomber.

QUESTION N° 41

LA SCULPTURE

Classez ces dix sculptures dans l'ordre chronologique de leur réalisation.

1. ***Le Discobole*, de Myron** (Ve siècle avant J.-C.)
2. ***La Vénus de Milo*, auteur inconnu** (IIe siècle avant J.-C.)
3. ***David*, de Donatello** (vers 1430-1440)
4. ***Moïse*, de Michel-Ange** (vers 1515)
5. ***L'Extase de sainte Thérèse*, du Bernin** (1652)
6. ***Le Lion de Belfort*, de Frédéric Auguste Bartholdi** (1880)
7. ***L'Âge mûr*, de Camille Claudel** (1899)
8. ***Chèvre*, de Pablo Picasso** (1950)
9. ***Compressions*, de César** (1960)
10. ***Cheval avec selle*, de Fernando Botero** (2002)

QUESTION N°42

L'ARCHITECTURE ANTIQUE

Associez chaque monument antique à la ville dans laquelle il se trouve.

- Colisée : Rome
- Pyramide de Khéops : Gizeh
- Maison carrée : Nîmes
- Parthénon : Athènes
- Temple d'Isis : Philae
- Palais de Dioclétien : Salone (Split)
- Érechthéion : Athènes
- Sanctuaire d'Asclépios : Épidaure
- Temple d'Hatchepsout : Deir el-Bahari
- Palais de Minos : Cnossos
- Grand temple d'Amon : Karnak
- Panthéon : Rome
- Temple d'Horus : Edfou
- Tour Magne : Nîmes
- Palais de Darius : Persépolis

QUESTION N°43

LES SEPT MERVEILLES DU MONDE ANTIQUE

Complétez les pointillés pour découvrir le nom des Sept Merveilles du monde antique.

- La statue de Zeus à Olympie
- Le mausolée d'Halicarnasse
- Le temple d'Artémis (Diane) à Éphèse
- Les pyramides de Gizeh
- Le colosse de Rhodes
- Les jardins suspendus de Babylone
- Le phare d'Alexandrie

QUESTION N°44

LES MONUMENTS CÉLÈBRES

Donnez le nom de chaque monument dessiné.

Temple d'Angkor
(Cambodge)

Mosquée Sainte-Sophie
(Istanbul, Turquie)

Taj Mahal
(Agra, Inde)

Église Basile-le-Bienheureux
(Moscou, Russie)

QUESTION N° 45

LES MONUMENTS CÉLÈBRES

Associez chaque monument célèbre à la ville dans laquelle il se trouve.

- **Sagrada Familia** : **Barcelone**
- **Porte de Brandebourg** : **Berlin**
- **Dôme du Rocher** : **Jérusalem**
- **Palais du Potala** : **Lhassa**
- **Basilique de Fourvière** : **Lyon**
- **Théâtre Bolchoï** : **Moscou**
- **Carnegie Hall** : **New York**
- **Tour penchée** : **Pise**
- **Clos-Lucé** : **Amboise**
- **Palais de Topkapi** : **Istanbul**
- **Alhambra** : **Grenade**
- **Pont des Soupirs** : **Venise**
- **Palais de Schönbrunn** : **Vienne**
- **Temple du Ciel** : **Pékin**
- **Palais des Vents** : **Jaipur**

QUESTION N° 46

LES MONUMENTS DE PARIS

Classez ces huit monuments de Paris du plus ancien au plus récent (prendre la date d'inauguration).

1. **Sainte-Chapelle** (1248)
2. **Hôtel des Invalides** (1670)
3. **Arc de Triomphe** (1836)
4. **Tour Eiffel** (Exposition universelle de 1889)
5. **Grand Palais** (Exposition universelle de 1900)
6. **Centre Georges-Pompidou** (1977)
7. **Pyramide du Louvre** (30 mars 1989)
8. **Opéra Bastille** (13 juillet 1989)

QUESTION N°47

L'ARCHITECTURE CLASSIQUE

Les cinq ordres de l'architecture classique sont : composite, corinthien, dorique, ionique et toscan. Trouvez à quel ordre correspond chaque chapiteau présenté.

1 Composite — 2 Corinthien — 3 Toscan — 4 Dorique — 5 Ionique

QUESTION N°48

LES ŒUVRES MUSICALES CÉLÈBRES

Associez chaque œuvre musicale à un compositeur.

- *Le Barbier de Séville*: Gioacchino Rossini
- *Les Quatre Saisons*: Antonio Vivaldi
- *Le Beau Danube bleu*: Johann Strauss (fils)
- *Rigoletto*: Giuseppe Verdi
- *Boléro*: Maurice Ravel
- *Carmen*: Georges Bizet
- *Symphonie fantastique*: Hector Berlioz

- *Pelléas et Mélisande*: Claude Debussy
- *Parsifal*: Richard Wagner
- *La Truite*: Franz Schubert
- *Cosi fan tutte*: Wolfgang Amadeus Mozart
- *Concertos brandebourgeois*: Jean-Sébastien Bach

QUESTION N° 49

LA DANSE

Associez chaque danse à son pays ou à sa région d'origine.

- **Tamouré**: Polynésie
- **Samba**: Brésil
- **Polka**: Pologne
- **Sirtaki**: Grèce
- **Tango**: Argentine
- **Bourrée**: France
- **Cha-cha-cha**: Mexique
- **Fandango**: Andalousie
- **Tarentelle**: Italie
- **Valse**: Autriche
- **Calypso**: Jamaïque
- **Rock and roll**: États-Unis
- **Kazatchok**: Russie
- **Csardas**: Hongrie
- **Sardane**: Catalogne

QUESTION N° 50

LA BANDE DESSINÉE ET L'ILLUSTRATION

Associez chaque dessinateur à un personnage.

- **Hugo Pratt**: Corto Maltese
- **Jean-Jacques Sempé**: le Petit Nicolas
- **Morris**: Lucky Luke
- **Les frères Fleischer**: Betty Boop
- **Joseph Porphyre Pinchon**: Bécassine
- **Hergé**: Tintin
- **Jean de Brunhoff**: Babar
- **Charles Monroe Schulz**: Snoopy
- **Albert Uderzo**: Astérix
- **Walt Disney**: Mickey Mouse
- **André Franquin**: Gaston Lagaffe
- **Bob Kane**: Batman
- **Claire Bretécher**: Agrippine
- **Peyo**: le Grand Schtroumpf
- **Christophe**: Le sapeur Camembert

QUESTION N° 51

LE CINÉMA

Dans chaque série, tous les films sauf un sont du même réalisateur. Trouvez de qui il s'agit, identifiez le film intrus et dites quel est son réalisateur.

1. *Les Lumières de la ville*, *Le Dictateur* et *Les Temps modernes* sont trois films du cinéaste Charlie Chaplin, à qui l'on doit également la série des Charlot. *To Be or not to be* est signé par le réalisateur Ernst Lubitsch.

2. *Orphée*, *La Belle et la Bête* et *L'Aigle à deux têtes* sont trois films du cinéaste, écrivain et peintre français Jean Cocteau. *Casque d'or*, avec Serge Reggiani et Simone Signoret, a été réalisé par Jacques Becker en 1952.

3. *Milou en mai*, *Au revoir les enfants* et *Zazie dans le métro* sont trois films du cinéaste français Louis Malle. *Le Dernier Métro*, qui met en scène Catherine Deneuve en directrice de théâtre sous l'Occupation, est un film de François Truffaut, cinéaste issu de la Nouvelle Vague. Dix césars l'ont récompensé.

QUESTION N° 52

LES ARTS DÉCORATIFS

**Un certain nombre de motifs reviennent de manière récurrente à travers les époques dans les arts décoratifs, sur les textiles, le mobilier ou encore en architecture intérieure.
Donnez le nom de chacun de ces motifs ornementaux.**

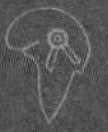

1. **Bonnet phrygien**
(emblème de la République)

2. **Corne d'abondance**
(emblème de l'abondance)

3. **Couronne de laurier**
(emblème de la victoire)

4. **Croix de Lorraine**
(emblème des ducs de Lorraine puis symbole de la France libre)

5. **Fleur de lys**
(emblème de la royauté)

6. **Rosace**
(pas de signification particulière)

7. **Griffon**
(animal fabuleux)

8. **Croix de Malte**
(insigne des chevaliers de l'ordre de Malte)

SPORTS

QUESTION N° 1

L'HISTOIRE DU SPORT

Le ski nautique est une discipline olympique depuis 1976.

Faux.

L'apparition du ski nautique aux Jeux olympiques est toute récente puisqu'elle ne date que de 2004 ! Toutefois, il avait été sport de démonstration en 1972.

QUESTION N° 2

LES SPORTIVES CÉLÈBRES

Dans quelle discipline la Française Michèle Mouton s'est-elle illustrée dans les années 1980 ?

Réponse B.

Michèle Mouton est une célèbre pilote automobile française. À l'âge de 23 ans, elle participe à ses premiers rallyes au volant de sa Renault alpine 1800. Ensuite, elle enchaîne les victoires : championne de France et d'Europe des rallyes, en 1983, elle devient la première femme à remporter une épreuve du Championnat du monde. Elle met un terme à sa carrière en 1986.

QUESTION N° 3

LES JEUX OLYMPIQUES

La devise des Jeux olympiques est « Citius, altius, fortius ».

Vrai.

On doit la devise « Citius, altius, fortius » à l'abbé Didon, un ami de Pierre de Coubertin. Pour ceux qui ne seraient pas bilingues en latin, cela signifie : « Plus vite, plus haut, plus fort ».

QUESTION N° 4

L'ATHLÉTISME

Le triple saut est un saut en longueur précédé de deux bonds.

Vrai.

Le triple saut procède du même principe que le saut en longueur (course d'élan, appel), mais deux bonds précèdent le saut.

QUESTION N° 5

L'ÉQUITATION

Pour équilibrer les chances entre les chevaux en course, les meilleurs sont lestés.

Vrai.

Les meilleurs chevaux de course sont lestés de poids, dits « de handicap », placés à l'intérieur du tapis de selle, afin d'équilibrer les chances des concurrents. Ils peuvent peser jusqu'à 5 kg !

QUESTION N° 6

LA NATATION

Le water-polo oppose deux équipes de huit nageurs.

Faux.

Le water-polo est un sport collectif qui se joue dans l'eau. Il oppose deux équipes de sept joueurs, auxquels il faut ajouter six remplaçants. Chaque équipe doit marquer des points en envoyant le ballon dans les buts adverses.

QUESTION N° 7

LA VOILE

De quel navigateur *Pen Duick* était-il le bateau ?

Réponse C.

Pen Duick était le nom du bateau du célèbre navigateur français Éric Tabarly. Ou plutôt devrait-on dire « des » bateaux car il y a eu quatre *Pen Duick*, à bord desquels Tabarly a remporté les plus prestigieuses régates et établi plusieurs records. En 1998, il fut porté disparu en mer d'Irlande, alors qu'il avait
pris la mer à bord du premier *Pen Duick*.

QUESTION N° 8

LES SPORTS DE GLISSE

Comment appelle-t-on le sport dérivé du ski nautique qui se pratique sans skis ?

Réponse C.

Le barefoot fonctionne sur le même principe que le ski nautique mais il se pratique sans skis. Le sportif est tiré par un bateau à moteur et évolue sur l'eau pieds nus, ce qui demande des facultés d'équilibre plus importantes qu'en ski nautique. L'aquaplane est une autre variante du ski nautique, le mot *funboard* est simplement la traduction anglaise de « planche à voile ».

QUESTION N° 9

LES SPORTS DE BALLE

Comment s'appelle la grande finale professionnelle de football américain ?

Réponse A.

La grande finale professionnelle de football américain est le célèbre Super Bowl, qui oppose le vainqueur de la Conférence américaine (AFC) et celui de la Conférence Nationale (NFC). Le Super Bowl, qui se tient chaque année le dernier dimanche de janvier, est un événement sportif majeur aux États-Unis.

QUESTION N° 10

LE GOLF

Qu'est-ce qu'un *tee* ?

Réponse A.

La petite cheville en bois ou en plastique sur laquelle on place la balle pour la surélever est le tee. On l'utilise exclusivement sur les aires de départ. La partie du manche d'un club de golf sur laquelle on place ses mains est le *grip*. Ce terme désigne aussi la façon de tenir le club. La position de la balle sur le parcours est la *lie*.

QUESTION N° 11

LE TENNIS

Quel tournoi international de tennis ne fait pas partie des épreuves du Grand Chelem ?

Réponse C.

Les quatre tournois internationaux de tennis qui constituent le Grand Chelem sont : le tournoi de Roland Garros, à Paris, l'US Open ou tournoi de Flushing Meadow, à New York, le tournoi de Wimbledon, à côté de Londres et enfin l'open d'Australie, à Melbourne.
La coupe Davis est une compétition annuelle qui oppose des équipes nationales de quatre joueurs lors de quatre matches en simple et un match en double.

QUESTION N° 12

LA BOXE

Comment appelle-t-on un coup de poing porté au menton de bas en haut ?

Réponse C.

Un coup de poing porté au menton de bas en haut porte le nom d'uppercut, quel que soit le type de boxe envisagé. Un crochet désigne un coup porté horizontalement par un mouvement en arc de cercle du bras replié. Un direct désigne un coup droit.
On parle de crochet (ou de direct) du droit ou du gauche en fonction du bras qui porte le coup.

QUESTION N° 13

LES ARTS MARTIAUX

Un combat de judo s'arrête automatiquement s'il y a…

Réponse C.

Le ippon du judo, qui vaut dix points, correspond un peu au K.-O. en boxe : il suffit qu'il soit prononcé par l'arbitre pour que le combat se termine. Il est attribué lorsque le judoka parvient à immobiliser son adversaire pendant plus de 25 secondes, à effectuer une projection parfaite ou à le contraindre à abandonner. Le waza-ari (presque ippon), vaut sept points, le yuko (presque waza-ari), qui vaut cinq points, ne permettent pas d'arrêter un combat.

QUESTION N° 14

LE CYCLISME

Comment appelle-t-on une course qui relie deux villes suivant un parcours prédéterminé ?

Réponse A.

Une course qui relie deux villes suivant un parcours prédéterminé est une classique. Ce type de course se déroule annuellement sur une seule journée, tous les concurrents partant ensemble. Les plus célèbres classiques sont le Paris-Roubaix (270 km), le Milan-San Remo (294 km) et la Flèche walonne (200 km).

QUESTION N° 15

L'AUTO-MOTO

En course, quelle est la signification du drapeau rouge ?

Réponse A.

Le drapeau rouge, utilisé à la fois dans les courses automobiles et motocyclistes, impose l'arrêt immédiat de la course. Les concurrents sont invités à rejoindre la zone de départ à allure lente. Le drapeau à rayures verticales jaunes et rouges indique une adhérence détériorée sur la piste, le drapeau à damier noir et blanc annonce la fin de la course.

QUESTION N° 16

LES SPORTS D'HIVER

Quel poste n'existe pas en bobsleigh à quatre ?

Réponse C.

En bobsleigh à quatre, les équipiers sont répartis comme suit : le pilote, placé à l'avant, dirige le bobsleigh et les autres équipiers ; les deux intermédiaires, placés derrière lui, jouent le rôle de lest et doivent se pencher à bon escient pour augmenter la vitesse de l'appareil ; le freineur enfin, assis en quatrième position, est le dernier à monter dans le bobsleigh au départ. C'est lui qui actionne le frein en fin de parcours.

QUESTION N° 17

LES COMPÉTITIONS SPORTIVES

Combien chaque équipe dispute-t-elle de matches lors du championnat de basket NBA ?

Réponse C.

Chacune des trente équipes de basket nord-américaines qui participent au championnat NBA (National Basket Association) doit disputer 82 matches au cours de la saison, qui dure de novembre à avril. Les équipes sont réparties en deux conférences, Est et Ouest. Les meilleures de chaque conférence se rencontrent début février lors du All-Star Game.

QUESTION N° 18

LES COMPÉTITIONS SPORTIVES

Parmi les quatre compétitions suivantes, trois correspondent à une même discipline. Identifiez quelle est cette discipline commune, trouvez le nom intrus et dites de quelle discipline il relève.

- **Le Derby d'Epsom, en Angleterre, le Prix de Diane, qui se tient chaque année à Chantilly, et le Grand steeple-chase de Paris, qui se court sur l'hippodrome** d'Auteuil, sont trois courses hippiques internationales parmi les plus prestigieuses.

• Le trophée Massilia est une compétition annuelle de gymnastique qui se déroule à Marseille.

QUESTION N° 19

LES SPORTS AQUATIQUES

Trouvez l'intrus dans cette série et précisez ce qui fait de lui un intrus.

L'intrus est Loïck Peyron, seul navigateur parmi trois véliplanchistes.

Stéphane Peyron, son frère, est un spécialiste des grandes traversées en planche à voile (Atlantique sud, pôle Nord). Robert Teriitehau est un champion de funboard, tout comme Nathalie Lelièvre, plusieurs fois championne du monde de la discipline.

QUESTION N° 20

LES SPORTS NAUTIQUES

À quel sport se rapporte chacune des affirmations suivantes : aviron, canoë ou kayak ? À vous de jouer !

1. Dans cette discipline, les sportifs se tiennent à genoux dans leur embarcation.

Canoë.

Les canoéistes se tiennent à genoux pour manœuvrer leur embarcation, tandis que les kayakistes, tout comme les rameurs en aviron, sont en position assise.

2. Les Inuits sont les inventeurs de cette embarcation, qu'ils utilisaient pour la pêche.

Kayak.

Le kayak est, à l'origine, l'embarcation utilisée traditionnellement par les Inuits du Groenland, d'Alaska et du Labrador pour la pêche. Le canoë était un moyen de transport des Indiens d'Amérique du Nord.

3. La fédération internationale de cette discipline est la plus ancienne de toutes les fédérations sportives.

Aviron.

La Fédération internationale des sociétés d'aviron, ou FISA, a été créée en 1892, ce qui fait d'elle la plus ancienne de toutes les fédérations sportives.

QUESTION N° 21

LES SPORTS DE BALLE

Trouvez le nom d'un sport de balle ou de ballon grâce aux indices dont vous disposez.

1. **Badminton** : le badminton a été importé d'Inde, où il se nommait *poona*, et que les Anglais ont rebaptisé badminton du nom de la demeure du duc de Beaufort où on y joua pour la première fois. On y joue avec des raquettes et un petit ustensile unique en son genre, le volant, constitué d'une boule de liège dans laquelle sont fichées de courtes plumes. Certains volants sont aujourd'hui en plastique.

2. **Base-ball** : le base-ball est un sport de balle très apprécié en Amérique du Nord, qui se joue en équipes et dans lequel on utilise une batte, sorte de bâton à bout renflé, pour renvoyer la balle lancée par le *pitcher* de l'équipe adverse. Une fois la balle renvoyée, le joueur doit courir de base en base, jusqu'à atteindre un point appelé marbre, ce qui rapporte un point à son équipe.

3. **Beach volley** : le beach volley est un sport dérivé du volley-ball qui, comme son nom l'indique, se pratique sur la plage. À l'origine considéré comme un jeu, le beach volley a rapidement été reconnu comme une discipline sportive à part entière, au point de devenir une discipline olympique en 1996 ! La manchette, également utilisée dans le volley traditionnel, est une position des mains qui permet de réceptionner et de renvoyer la balle.

QUESTION N° 22

LES SPORTS DE BALLE

Trouvez à quel sport appartient chaque balle ou ballon. Pour vous aider, la première lettre de chaque réponse est indiquée.

cricket

volley-ball

football américain

basket-ball

handball

base-ball

QUESTION N°23

LES SPORTS DE BALLE

Trouvez à quel sport appartient chaque terrain. Pour vous aider, la première lettre de chaque réponse est indiquée.

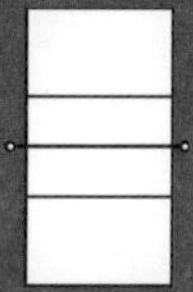

volley-ball

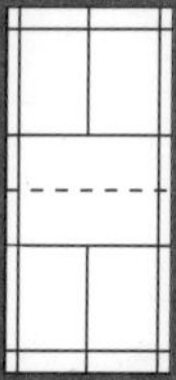

badminton

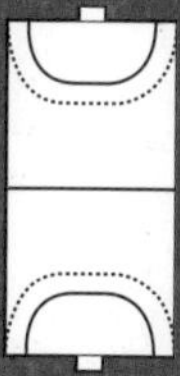

handball

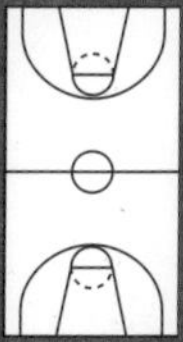

basket-ball

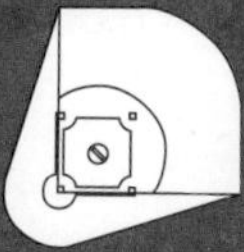

base-ball

QUESTION N°24

LE FOOTBALL

Reconstituez les noms de quinze joueurs de football français avec les syllabes mélangées dans cette grille.

1. BARTHEZ Fabien (gardien de but français, champion du monde en 1998)
2. CANTONA Éric (champion de France avec l'Olympique de Marseille, 4 fois champion d'Angleterre avec Manchester United)
3. COUPET Grégory (gardien de but à l'Olympique lyonnais de 1996 à 2008)
4. DESAILLY Marcel (champion du monde en 1998)
5. DOMENECH Raymond (sélectionneur de l'équipe de France entre 2004 et 2010)
6. FERNANDEZ Luis (joueur jusqu'en 1993, puis entraîneur)
7. GINOLA David (champion de France avec le Paris-Saint-Germain en 1994)
8. HENRY Thierry (champion du monde en 1998, champion d'Europe en 2000)
9. PAPIN Jean-Pierre (meilleur marqueur du championnat de France entre 1988 et 1992)
10. PLATINI Michel (ballon d'or de 1983 à 1985, champion de France avec l'AS Saint-Étienne en 1981)
11. ROCHETEAU Dominique (champion de France en 1976 avec l'AS Saint-Étienne,

puis en 1986 avec le Paris-Saint-Germain)
12. SANTINI Jacques (entraîneur depuis 1983)
13. TIGANA Jean (entraîneur depuis 1993)
14. THURAM Lilian (champion du monde en 1998)
15. ZIDANE Zinedine (champion du monde en 1998, meilleur joueur de l'année FIFA en 1998, 2000 et 2003)

QUESTION N° 25

LE FOOTBALL ET LE RUGBY

À quel sport se rapporte chacune des affirmations suivantes, football ou rugby ? À vous de jouer !

1. Ce sport oppose deux équipes de quinze joueurs.

Rugby

Le rugby oppose deux équipes de quinze joueurs, parfois treize dans le jeu à treize. Les équipes de football, comme celles de football américain, qui dérive pourtant du rugby, ne comptent que onze joueurs.

2. Son terrain comporte une zone appelée « surface de réparation ».

Football

La surface de réparation est une zone rectangulaire du terrain de football qui s'étend sur 16,5 m devant la ligne de but et sur 40 m de large, encadrant les buts.

3. Des équipes de villes européennes s'affrontent chaque saison dans cette discipline pour remporter la coupe de l'UEFA.

Football

La coupe de l'UEFA, créée en 1971, est accessible à tous les clubs européens qui se sont qualifiés. Les vainqueurs reçoivent une coupe en argent massif de 15 kg ! Dommage qu'il faille la rendre l'année suivante...

4. Son terrain comporte des lignes de touche.

Football et rugby

Au football comme au rugby, les lignes de touche correspondent aux limites latérales du terrain. Si le ballon franchit ces lignes, on dit qu'il « sort » et il doit être remis en jeu.

QUESTION N° 26

LE GOLF

Qu'est-ce que...

1. ... un caddie ?

Réponse B. Contrairement à ce qu'on pourrait croire, au golf, le terme « caddie » ne désigne pas le sac dans lequel le joueur range ses clubs et ses balles mais la personne qui porte ce sac. Mais attention, un caddie n'est pas un simple larbin. Il est en fait bien souvent un coach pour le joueur, à tel point qu'il existe des caddies professionnels pour « cadailler » les grands joueurs sur les tournois !

2. ... un bunker ?

Réponse A. Un bunker est une fosse plus ou moins profonde et ensablée, aménagée sur un parcours de golf pour faire obstacle au joueur. Un score équivalent au par plus un coup sur un trou donné est un bogey. On appelle « divot » une touffe de gazon que le joueur arrache lors de la frappe de la balle. Il doit la remettre en place pour les joueurs suivants.

QUESTION N° 27

LE TENNIS

Quelles sont les dimensions en mètres d'un court de tennis ?

Réponse A.

Les dimensions d'un court de tennis, pour le jeu en simple, sont de 23,77 m de long par 8,23 m de large. Ces mesures sont à l'origine exprimées en pieds, mesure de longueur anglaise, ce qui explique que les chiffres ne soient pas ronds. Elles équivalent respectivement à 78 et 27 pieds. Pour le jeu en double, la largeur du court passe à 10,97 m, soit 36 pieds, c'est-à-dire qu'on ajoute 1,37 m de chaque côté.

QUESTION N° 28

LE TENNIS

Vrai ou faux ?

1. Sven Davidson a remporté le tournoi de Roland Garros en 1940 et 1942.

Faux.
Il n'y a pas eu de tournois de 1940 à 1945 en raison de la Seconde Guerre mondiale. En revanche, Sven Davidson, battu en finale en 1955 et 1956, remporta le célèbre tournoi en 1957 contre Herbert Flam.

2. Steffi Graf a remporté le tournoi de Roland Garros plus souvent que Monica Seles.

Vrai.
L'Allemande Steffi Graf a remporté six fois le tournoi de Roland Garros, à égalité avec Suzanne Lenglen, alors que Monica Seles ne compte « que » trois victoires aux internationaux de France.
La palme revient à Chris Evert qui a remporté sept fois le tournoi.

QUESTION N° 29

L'ESCRIME

Trois armes sont utilisées en escrime : l'épée, le sabre et le fleuret. Trouvez à laquelle correspond chaque dessin ci-dessous.

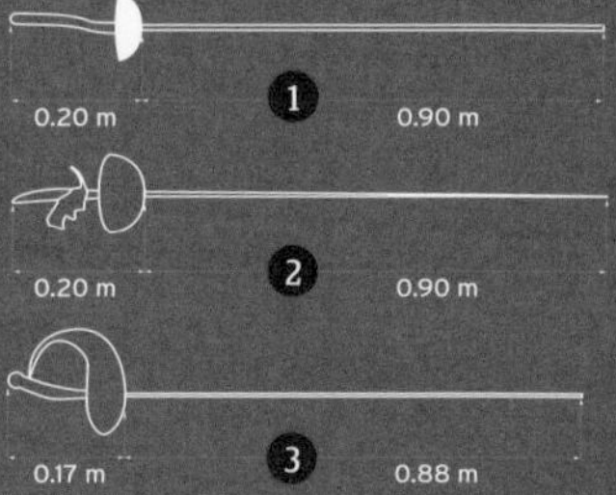

Fleuret

Épée

Sabre

QUESTION N° 30

LA BOXE

Vrai ou faux ?

1. En boxe amateur, un match peut durer jusqu'à cinq rounds.

Faux.

En boxe amateur, les matches ne peuvent pas excéder trois rounds, d'une durée de deux ou trois minutes chacun, alors qu'en championnat de boxe professionnelle, il peut y avoir jusqu'à douze rounds pour un match.

2. Le Français Marcel Cerdan s'est distingué dans la catégorie « poids plume ».

Faux.

Le boxeur français Marcel Cerdan concourait dans la catégorie « poids moyen », dans laquelle il a décroché le titre de champion du monde en 1948.

3. Un boxeur est déclaré vaincu s'il reste immobilisé au sol plus de 10 s.

Vrai.

Si un boxeur reste immobilisé au sol, allongé ou sur un genou, pendant plus de 10 s, il est alors déclaré vaincu par K.-O. et le match s'arrête automatiquement.

QUESTION N° 31

LES ARTS MARTIAUX

Classez ces sept ceintures de judo de la première à la dernière en inscrivant en face de chaque nom le numéro correspondant.

1. **Ceinture blanche** (âge minimum : 6 ans)
2. **Ceinture jaune** (âge minimum : 8 ans)
3. **Ceinture orange** (âge minimum : 10 ans)
4. **Ceinture verte** (âge minimum : 12 ans)
5. **Ceinture bleue** (âge minimum : 13 ans)
6. **Ceinture marron** (âge minimum : 14 ans)
7. **Ceinture noire** (âge minimum : 15 ans)

QUESTION N° 32

LES ARTS MARTIAUX

Trouvez à quel art martial se rapporte chaque affirmation parmi deux propositions.

1. Cet art martial est originaire de Corée.

Taekwondo. Le taekwondo («voie du pied et du poing») est une discipline venue de Corée, alors que le kung-fu, ou gongfu, vient de Chine.

2. Le Français Laurent Béard fut champion du monde de cette discipline en 2002.

Jujitsu. Le Français Laurent Béard est un champion de jujitsu qui a remporté les championnats du monde en 2002, ainsi que l'open d'Orléans la même année.

3. Dans cette discipline, les combats ont lieu sur une plate-forme surélevée.

Sumo. Les sumotori prennent place sur le *dohyo* qui est l'aire de combat. Elle est surélevée de 34 à 60 cm. Les combats de kendo se déroulent au niveau du sol, sur une aire carrée recouverte de parquet.

4. Dans cet art martial, les combattants utilisent parfois un long bâton.

Aïkido. Deux types de bâtons sont utilisés en aïkido : le *jo*, qui est un bâton d'environ 1,5 m de long et le *bokken*, sabre en bois d'1 m de long.

QUESTION N° 33

LE CYCLISME

Replacez correctement chacun des dix noms de la liste ci-dessous sur cette image de vélo de course.

Dans le sens des aiguilles d'une montre en partant de la gauche :

1. Jante
2. Dérailleur
3. Selle
4. Cadre
5. Fourche
6. Leviers de frein
7. Rayon
8. Manivelle
9. Plateaux
10. Chaîne

QUESTION N° 34

LE PATINAGE ARTISTIQUE

Les règles du patinage artistique sont très strictes. Trouvez, parmi les propositions suivantes, ce qui est obligatoire, ce qui est autorisé et ce qui est interdit.

1. Réponse C.
Cela peut paraître surprenant mais en danse imposée, les sauts sont interdits. Les danseurs doivent reproduire les pas de chaque danse sur la glace.

2. Réponse A.
En danse originale, la tenue des patineurs est obligatoirement la suivante : jupe pour les dames, pantalons pour les messieurs. Les collants sont proscrits.

3. Réponse B.
En danse libre, les pirouettes sont autorisées, à condition qu'elles n'excèdent pas trois révolutions. Cette règle vaut aussi pour les spirales.

4. Réponse A.
Dans un programme court, en individuel, les combinaisons de plusieurs sauts sont obligatoires, chez les dames comme chez les messieurs.

QUESTION N° 35

LE SKI

Vrai ou faux ?

1. Un parcours de slalom compte une vingtaine de portes.

Faux.

Un parcours de slalom comprend de 55 à 75 portes pour les hommes et de 45 à 65 portes pour les femmes. Le skieur doit impérativement toutes les franchir en respectant l'alternance entre portes rouges et portes bleues.

2. En ski alpin, les pistes de super-G sont plus courtes que les pistes de descente.

Vrai.

Les pistes de super-géant, ou super-G, sont plus courtes de quelques centaines de mètres que les pistes de descente. Elles comptent également plus de portes.

3. En ski acrobatique, l'hélicoptère est un saut à 180°.

Faux.

L'hélicoptère, réalisé en ski acrobatique, est un saut avec une rotation de 360° qui s'effectue avec les jambes serrées, le buste droit et les bras plus ou moins écartés.

QUESTION N° 36

L'ALPINISME

Associez chaque date historique de l'alpinisme à un exploit sportif.

- **1492 : première ascension du mont Aiguille (Vercors) par Antoine de Ville**
- **1786 : première ascension du mont Blanc par Jacques Balmat et Michel Paccard**
- **1950 : première ascension réussie d'un sommet de plus de 8 000 m, l'Annapurna**
- **1975 : première ascension de l'Everest par des femmes (Junko Tabei et Phantog)**

QUESTION N° 37

L'HISTOIRE DU SPORT

Trouvez le pays d'origine de chaque discipline sportive parmi trois propositions.

1. Réponse B.

Le ski fut avant tout un moyen de transport, utilisé en Scandinavie comme en Russie pendant des siècles. Toutefois, c'est la Norvège qui la première en a fait un sport, au milieu du XIXe siècle.

2. Réponse B.
L'aïkido est né dans les années 1920, de l'imagination du maître japonais Morihei Ueshiba, qui souhaitait synthétiser en une méthode unique les différentes techniques de combat utilisées par les samouraïs.

3. Réponse B.
Le rugby est originaire d'Angleterre et plus précisément de la ville de Rugby, qui lui a donné son nom ! C'est un professeur de l'école de la ville qui, en 1823, aurait permis l'essor de la discipline.

QUESTION N° 38

LES SPORTIFS CÉLÈBRES

Associez chaque sportif célèbre à une discipline.

- **Michelle Kwan (USA):** patinage artistique
- **Olivier Jacque (France):** moto
- **Johnny Weissmuller (USA):** natation
- **Laura Flessel (France):** escrime
- **Roger Frison-Roche (France):** alpinisme
- **Tiger Woods (USA):** golf
- **Björn Dunkerbeck (Espagne):** planche à voile (funboard)
- **Boris Becker (Allemagne):** tennis
- **Fabrice Bénichou (France):** boxe anglaise
- **Ari Vatanen (Finlande):** automobile

QUESTION N° 39

LES JEUX OLYMPIQUES

Trouvez en quelle année chacune des villes de la liste suivante a organisé les Jeux olympiques d'été.

- **1900**: **Paris** (France)
- **1936**: **Berlin** (Allemagne)
- **1968**: **Mexico** (Mexique)
- **1976**: **Montréal** (Canada)
- **1988**: **Séoul** (Corée du Sud)
- **1992**: **Barcelone** (Espagne)
- **2000**: **Sydney** (Australie)
- **2004**: **Athènes** (Grèce)

QUESTION N° 40

L'ÉQUIPEMENT

Associez chaque élément d'équipement à un sport.

- **Palmes**: **plongée sous-marine**
- **Baudrier**: **escalade**
- **Bombe**: **équitation**
- **Plastron**: **escrime**
- **Bandages pour poignets**: **haltérophilie**
- **Crosse**: **hockey sur glace**

- **Piolet**: alpinisme
- **Bouchons antibruit**: automobile
- **Altimètre**: chute libre
- **Bonnet**: ski de fond
- **Carquois**: tir à l'arc
- **Leash (cordon)**: surf
- **Maillet**: polo
- **Pince-nez**: natation synchronisée
- **Ailerons**: ski de vitesse

QUESTION N°41

L'ÉQUIPEMENT

Donnez le nom de chaque élément d'équipement représenté et trouvez à quel sport il appartient.

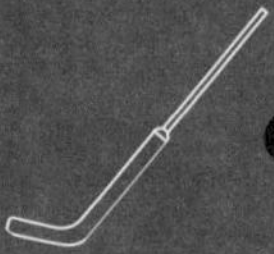

1. Crosse de gardien (hockey sur glace)

2. Dégaine (escalade)

3 **Bombe**
(équitation)

4 **Gant**
(boxe)

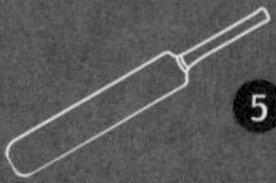

5 **Batte de batteur**
(cricket)

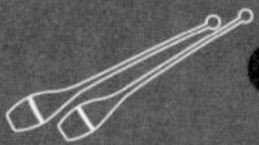

6 **Massues**
(gymnastique rythmique)

QUESTION N° 42

L'ATHLÉTISME

Associez chaque athlète à sa ou ses spécialité(s).

- **Dick Fosbury (États-Unis)**: **saut en hauteur**
- **Sergueï Bubka (Ukraine)**: **saut à la perche**
- **Alain Mimoun (France)**: **fond, demi-fond, marathon**
- **Edwin Moses (États-Unis)**: **400 m haies**
- **Michael Johnson (États-Unis)**: **200 et 400 m**
- **Mike Powell (États-Unis)**: **saut en longueur**
- **Dan O'Brien (États-Unis)**: **décathlon**
- **Youri Sedykh (Russie)**: **lancer de marteau**

QUESTION N°43

LA GYMNASTIQUE

Classez les épreuves de gymnastique suivantes, selon qu'elles sont féminines ou masculines. Attention, certaines épreuves peuvent entrer dans les deux catégories.

- **Épreuves féminines :** saut de cheval, barres asymétriques, poutre, sol
- **Épreuves masculines :** sol, cheval-d'arçons, anneaux, saut de cheval, barres parallèles, barre fixe

QUESTION N°44

LES NŒUDS MARINS

Trouvez, parmi trois propositions, à quel nœud marin correspond chaque illustration.

A. Nœud de vache

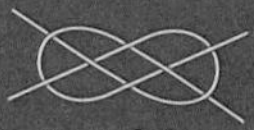

A. Nœud de carrick

C. Nœud en huit

B. Nœud de chaise

QUESTION N° 45

LE RUGBY

Trouvez à quel poste correspond chaque numéro sur ce terrain de rugby en choisissant parmi la liste ci-dessous. Attention, plusieurs numéros peuvent correspondre à un même nom de poste !

1. pilier (gauche)
2. talonneur
3. pilier (droit)
4. 2e ligne (gauche)
5. 2e ligne (droit)
6. 3e ligne aile (gauche)
7. 3e ligne aile (droit)
8. 3e ligne centre
9. demi de mêlée
10. demi d'ouverture
11. ailier (gauche)
12. trois-quarts centre (gauche)
13. trois-quarts centre (droit)
14. ailier (droit)
15. arrière

QUESTION N°46

LE TENNIS

Classez ces douze vainqueurs de Roland Garros dans l'ordre chronologique de leur première victoire au tournoi.

1. **Jean Borotra** (1924 contre René Lacoste et 1931 contre Christian Boussus)
2. **René Lacoste** (1925, 1927, 1929)
3. **Roy Emerson** (1963 contre Pierre Darmon et 1967 contre Tony Roche)
4. **Ilie Nastase** (1973 contre Nikola Pilic)
5. **Björn Borg** (1974, 1975, 1978, 1979, 1980)
6. **Yannick Noah** (1983 contre Mats Wilander)
7. **Ivan Lendl** (1984, 1986, 1987)
8. **Michael Chang** (1989 contre Stefan Edberg)
9. **Jim Courier** (1991 contre André Agassi et 1992 contre Petr Korda)
10. **Sergi Bruguera** (1993 contre Jim Courier et 1994 contre Alberto Berasategui)
11. **Gustavo Kuerten** (1997, 2000, 2001)
12. **Juan Carlos Ferrero** (2003 contre Martin Verkerk)

QUESTION N° 47

LES SPORTS DE COMBAT

Associez chaque élément d'équipement à un sport de combat.

- **Obi (ceinture) :** karaté
- **Culotte :** boxe anglaise
- **Sash (ceinture) :** kung-fu
- **Protège-pied :** kick-boxing
- **Mawashi (pagne de soie) :** sumo
- **Masque :** escrime
- **Maillot rouge ou bleu :** lutte gréco-romaine
- **Shinai (sabre) :** kendo

QUESTION N° 48

LA BOXE

Classez ces huit catégories de poids de la boxe anglaise professionnelle du plus léger au plus lourd.

1. **Poids mouche** (moins de 50,802 kg)
2. **Poids coq** (de 50,802 kg à 53,524 kg)
3. **Poids plume** (de 53,524 kg à 57,153 kg)
4. **Poids léger** (de 57,153 kg à 61,235 kg)
5. **Poids welter** (de 61,235 kg à 66,678 kg)
6. **Poids moyen** (de 66,678 kg à 72,575 kg)
7. **Poids mi-lourd** (de 72,575 kg à 79,379 kg)
8. **Poids lourd** (plus de 88,451 kg)

QUESTION N°49

LE CYCLISME

Reconstituez les noms d'au moins douze cyclistes avec les syllabes mélangées dans cette grille.

Il était possible de reconstituer les seize noms suivants :

1. **BAHAMONTES Federico** (cycliste espagnol, six fois vainqueur du Grand Prix du meilleur grimpeur dans le tour de France)
2. **BALLANGER Félicia** (cycliste française, plusieurs fois championne de France et du monde en vitesse, championne olympique)
3. **COPPI Fausto** (cycliste italien, champion du monde sur route en 1953)
4. **FIGNON Laurent** (cycliste français, vainqueur du Tour de France en 1983 et 1984)
5. **HINAULT Bernard** (cycliste français, cinq fois vainqueur du Tour de France)
6. **JALABERT Laurent** (cycliste français, plus de 130 victoires à son palmarès)
7. **KELLY Sean** (cycliste irlandais, numéro 1 mondial de 1984 à mai 1989)
8. **LEMOND Greg** (cycliste américain, champion du monde sur route en 1983 et 1989)

9. **LONGO Jeannie** (cycliste française, 72 titres nationaux et internationaux, toutes disciplines confondues !)
10. **PANTANI Marco** (cycliste italien, très bon grimpeur)
11. **POULIDOR Raymond** (cycliste français, connu pour être l'éternel second)
12. **ROMINGER Tony** (cycliste suisse, numéro 1 mondial de juin 1994 à septembre 1995)
13. **ROUSSEAU Florian** (cycliste français, plusieurs fois champion du monde du kilomètre et de vitesse)
14. **ULLRICH Jan** (cycliste allemand, champion du monde du contre-la-montre en 1999 et 2001)
15. **VIRENQUE Richard** (cycliste français, sept fois meilleur grimpeur du Tour de France)
16. **VOUILLOZ Nicolas** (cycliste français, champion du monde de VTT de 1995 à 1999)

QUESTION N° 50

LA FORMULE 1

Retrouvez le nom de chaque circuit de grand prix de formule 1 dessiné en choisissant parmi les quatre noms de la liste ci-dessous.

Les grands prix courus sur ces circuits comptent pour le championnat du monde de formule 1.

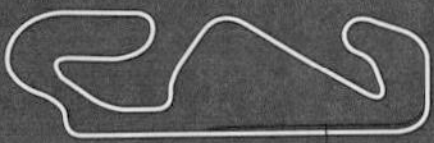

❶ **Circuit de Catalogne** (Catalogne, Espagne)

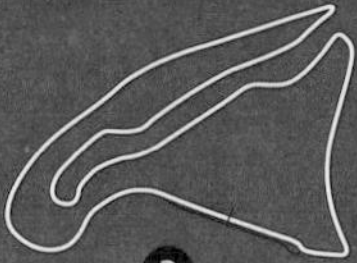

❷ **Circuit de Magny-Cours** (France)

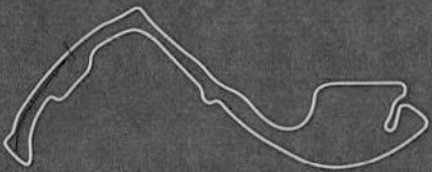

❸ **Circuit de Monaco** (Monaco)

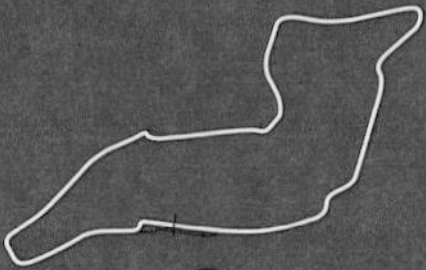

❹ **Circuit d'Imola** (Saint-Marin)

QUESTION N° 51

LA FORMULE 1

Associez chaque pilote de formule 1 à l'année où il a remporté le championnat du monde des conducteurs.

Entre parenthèses sont précisées, le cas échéant, les autres années où le pilote a remporté le titre.

- **Nelson Piquet** : **1981** (1983, 1987)
- **Jacques Villeneuve** : **1997**
- **Niki Lauda** : **1984** (1975, 1977)
- **Mika Häkkinen** : **1999** (1998)
- **Jackie Stewart** : **1971** (1969, 1973)
- **Juan Manuel Fangio** : **1957** (1951, 1954, 1955, 1956)
- **Alain Prost** : **1989** (1985, 1986, 1993)
- **Jim Clark** : **1963** (1965)
- **Ayrton Senna** : **1991** (1988, 1990)
- **Michael Shumacher** : **2004** (1994, 1995, 2000 à 2004)

QUESTION N° 52

LE SKI

Associez chaque skieur français à sa discipline de prédilection.

- **Fabrice Guy** : combiné nordique
- **Edgar Grospiron** : ski de bosses
- **Corinne Niogret** : biathlon
- **Charles Bozon** : slalom
- **Jean-Claude Killy** : ski alpin
- **Philippe Billy** : ski de vitesse
- **Carole Montillet** : descente
- **Catherine Lombard** : saut

LE LIVRE DES

SCORES

SCORES

JOUEUR / ÉQUIPE	LETTRES	SCIENCES

PARTIE DU ______________________

HISTOIRE	GÉOGRAPHIE	ARTS	SPORTS

SCORES

JOUEUR / ÉQUIPE	LETTRES	SCIENCES

PARTIE DU ____________________

HISTOIRE	GÉOGRAPHIE	ARTS	SPORTS

SCORES

JOUEUR / ÉQUIPE	LETTRES	SCIENCES

PARTIE DU ______________________________

HISTOIRE	GÉOGRAPHIE	ARTS	SPORTS

SCORES

JOUEUR / ÉQUIPE	LETTRES	SCIENCES

PARTIE DU ____________________

HISTOIRE	GÉOGRAPHIE	ARTS	SPORTS

SCORES

JOUEUR / ÉQUIPE	LETTRES	SCIENCES

PARTIE DU ______________________

HISTOIRE	GÉOGRAPHIE	ARTS	SPORTS

SCORES

JOUEUR / ÉQUIPE	LETTRES	SCIENCES

PARTIE DU ______________________________

HISTOIRE	GÉOGRAPHIE	ARTS	SPORTS

SCORES

JOUEUR / ÉQUIPE	LETTRES	SCIENCES

PARTIE DU ______________________

HISTOIRE	GÉOGRAPHIE	ARTS	SPORTS

SCORES

JOUEUR / ÉQUIPE	LETTRES	SCIENCES

PARTIE DU ______________________

HISTOIRE	GÉOGRAPHIE	ARTS	SPORTS

SCORES

JOUEUR / ÉQUIPE	LETTRES	SCIENCES

PARTIE DU ______________________

HISTOIRE	GÉOGRAPHIE	ARTS	SPORTS

SCORES

JOUEUR / ÉQUIPE	LETTRES	SCIENCES

PARTIE DU ______________________

HISTOIRE	GÉOGRAPHIE	ARTS	SPORTS

SCORES

JOUEUR / ÉQUIPE	LETTRES	SCIENCES

PARTIE DU ______________________

HISTOIRE	GÉOGRAPHIE	ARTS	SPORTS

SCORES

JOUEUR / ÉQUIPE	LETTRES	SCIENCES

PARTIE DU ______________________________

HISTOIRE	GÉOGRAPHIE	ARTS	SPORTS

SCORES

JOUEUR / ÉQUIPE	LETTRES	SCIENCES

PARTIE DU ____________________

HISTOIRE	GÉOGRAPHIE	ARTS	SPORTS

SCORES

JOUEUR / ÉQUIPE	LETTRES	SCIENCES

PARTIE DU ____________________

HISTOIRE	GÉOGRAPHIE	ARTS	SPORTS

SCORES

JOUEUR / ÉQUIPE	LETTRES	SCIENCES

PARTIE DU ______________________

HISTOIRE	GÉOGRAPHIE	ARTS	SPORTS

SCORES

JOUEUR / ÉQUIPE	LETTRES	SCIENCES

PARTIE DU ____________________

HISTOIRE	GÉOGRAPHIE	ARTS	SPORTS

SCORES

JOUEUR / ÉQUIPE	LETTRES	SCIENCES

PARTIE DU ______________________

HISTOIRE	GÉOGRAPHIE	ARTS	SPORTS

SCORES

JOUEUR / ÉQUIPE	LETTRES	SCIENCES

PARTIE DU ______________________

HISTOIRE	GÉOGRAPHIE	ARTS	SPORTS

SCORES

JOUEUR / ÉQUIPE	LETTRES	SCIENCES

PARTIE DU ______________________________

HISTOIRE	GÉOGRAPHIE	ARTS	SPORTS

SCORES

JOUEUR / ÉQUIPE	LETTRES	SCIENCES

PARTIE DU ______________________________

HISTOIRE	GÉOGRAPHIE	ARTS	SPORTS

SCORES

JOUEUR / ÉQUIPE	LETTRES	SCIENCES

PARTIE DU ____________________

HISTOIRE	GÉOGRAPHIE	ARTS	SPORTS

SCORES

JOUEUR / ÉQUIPE	LETTRES	SCIENCES

PARTIE DU ______________________

HISTOIRE	GÉOGRAPHIE	ARTS	SPORTS

SCORES

JOUEUR / ÉQUIPE	LETTRES	SCIENCES

PARTIE DU ____________________

HISTOIRE	GÉOGRAPHIE	ARTS	SPORTS

SCORES

JOUEUR / ÉQUIPE	LETTRES	SCIENCES

PARTIE DU ______________________

HISTOIRE	GÉOGRAPHIE	ARTS	SPORTS

SCORES

JOUEUR / ÉQUIPE	LETTRES	SCIENCES

PARTIE DU ______________________

HISTOIRE	GÉOGRAPHIE	ARTS	SPORTS

SCORES

JOUEUR / ÉQUIPE	LETTRES	SCIENCES

PARTIE DU ______________________

HISTOIRE	GÉOGRAPHIE	ARTS	SPORTS

SCORES

JOUEUR / ÉQUIPE	LETTRES	SCIENCES

PARTIE DU ____________________

HISTOIRE	GÉOGRAPHIE	ARTS	SPORTS

SCORES

JOUEUR / ÉQUIPE	LETTRES	SCIENCES

PARTIE DU ______________________

HISTOIRE	GÉOGRAPHIE	ARTS	SPORTS

SCORES

JOUEUR / ÉQUIPE	LETTRES	SCIENCES

PARTIE DU ______________________

HISTOIRE	GÉOGRAPHIE	ARTS	SPORTS

SCORES

JOUEUR / ÉQUIPE	LETTRES	SCIENCES

PARTIE DU ____________________

HISTOIRE	GÉOGRAPHIE	ARTS	SPORTS

SCORES

JOUEUR / ÉQUIPE	LETTRES	SCIENCES

PARTIE DU ____________________

HISTOIRE	GÉOGRAPHIE	ARTS	SPORTS

SCORES

JOUEUR / ÉQUIPE	LETTRES	SCIENCES

PARTIE DU ______________________

HISTOIRE	GÉOGRAPHIE	ARTS	SPORTS

SCORES

JOUEUR / ÉQUIPE	LETTRES	SCIENCES

PARTIE DU ______________________

HISTOIRE	GÉOGRAPHIE	ARTS	SPORTS

SCORES

JOUEUR / ÉQUIPE	LETTRES	SCIENCES

PARTIE DU ______________________

HISTOIRE	GÉOGRAPHIE	ARTS	SPORTS

SCORES

JOUEUR / ÉQUIPE	LETTRES	SCIENCES

PARTIE DU ______________________

HISTOIRE	GÉOGRAPHIE	ARTS	SPORTS

SCORES

JOUEUR / ÉQUIPE	LETTRES	SCIENCES

PARTIE DU ____________________

HISTOIRE	GÉOGRAPHIE	ARTS	SPORTS

SCORES

JOUEUR / ÉQUIPE	LETTRES	SCIENCES

PARTIE DU ______________________________

HISTOIRE	GÉOGRAPHIE	ARTS	SPORTS

SCORES

JOUEUR / ÉQUIPE	LETTRES	SCIENCES

PARTIE DU ______________________________

HISTOIRE	GÉOGRAPHIE	ARTS	SPORTS

SCORES

JOUEUR / ÉQUIPE	LETTRES	SCIENCES

PARTIE DU ____________________

HISTOIRE	GÉOGRAPHIE	ARTS	SPORTS

SCORES

JOUEUR / ÉQUIPE	LETTRES	SCIENCES

PARTIE DU ______________________

HISTOIRE	GÉOGRAPHIE	ARTS	SPORTS

SCORES

JOUEUR / ÉQUIPE	LETTRES	SCIENCES

PARTIE DU ______________________

HISTOIRE	GÉOGRAPHIE	ARTS	SPORTS

SCORES

JOUEUR / ÉQUIPE	LETTRES	SCIENCES

PARTIE DU ______________________

HISTOIRE	GÉOGRAPHIE	ARTS	SPORTS

SCORES

JOUEUR / ÉQUIPE	LETTRES	SCIENCES

PARTIE DU ______________________________

HISTOIRE	GÉOGRAPHIE	ARTS	SPORTS

SCORES

JOUEUR / ÉQUIPE	LETTRES	SCIENCES

PARTIE DU ______________________

HISTOIRE	GÉOGRAPHIE	ARTS	SPORTS

SCORES

JOUEUR / ÉQUIPE	LETTRES	SCIENCES

PARTIE DU ____________________

HISTOIRE	GÉOGRAPHIE	ARTS	SPORTS

SCORES

JOUEUR / ÉQUIPE	LETTRES	SCIENCES

PARTIE DU ______________________

HISTOIRE	GÉOGRAPHIE	ARTS	SPORTS

Imprimé en Chine par Starlite
pour le compte des Éditions Marabout.
Dépôt légal : novembre 2010
ISBN 13 : 978-2-501-07004-1
40.7278.1
Édition 01